本书由"北京市兰台(青岛)律师事务所"资助出版。

本书由"山东省研究生教育质量提升计划项目(SDYAL17030)"资助出版。

公司法适用疑难问题研究

张钦润　黄晓林　著

中国海洋大学出版社

·青岛·

图书在版编目（CIP）数据

公司法适用疑难问题研究/张钦润，黄晓林著. --
青岛：中国海洋大学出版社，2023.11
　　ISBN 978-7-5670-3688-8

　　Ⅰ. ①公… 　Ⅱ. ①张… ②黄… 　Ⅲ. ①公司法－法律
适用－中国 Ⅳ. ①D922.291.914

中国国家版本馆CIP数据核字（2023）第212406号

出版发行	中国海洋大学出版社
社　　址	青岛市香港东路23号　　　邮政编码　266071
出 版 人	刘文菁
网　　址	http://pub.ouc.edu.cn
订购电话	0532-82032573（传真）
责任编辑	林婷婷　　　　　　　电　　话　0532-85902533
印　　制	青岛国彩印刷股份有限公司
版　　次	2023年11月第1版
印　　次	2023年11月第1次印刷
成品尺寸	170 mm × 230 mm
印　　张	13.75
字　　数	189 千
印　　数	1～1 000
定　　价	50.00元

　　1993 年，中华人民共和国成立后第一部统一完整的公司法颁布。伴随着公司法理论和实践的发展，迄今为止，公司法经过五次不同规模的修改，此间最高人民法院又配套出台了五个司法解释。

　　在公司法的改革、适用过程中，公司法适用难点问题层出不穷，出现了大量疑难问题，引发了公司实务界与学界的广泛讨论。"徒法不足以自行"，法律条文需被适用到具体案件之中，转化为裁判规则。司法实践经验为理论研究积累了大量素材，理论研究成果进一步引导立法与司法实践，二者互为因果，如鸟之双翼、车之双轮，共同促进公司法不断发展完善，以适应变化无常的商事交易实践，助推市场经济高效、安全地健康发展。

　　公司法适用中出现难点问题的原因是多方面的：其一是市场经济的迅猛发展，商事交易模式不断迭代更新，制定法对新问题存在缺位；其二是参与公司实践的主体规则意识和责任意识不强，公司高级管理人员缺乏公司治理经验，不重视对公司组织和行为的规制等。由此引发的公司法适用疑难问题有两个显著特点：第一，问题范围广泛，几乎遍布公司法的各个领域，包括公司人格、资本制度、股东资格、股东权利、治理结构、公司解散、清算等；第二，问题来源于公司实践和司法实践。公司法适用疑难问题的这两个特点影响了本书的写作思路与写作内容。

　　2010 年，最高人民法院正式确立了案例指导制度，以达到总结审判经验、统一法律适用、提高审判质量和维护司法公正的目标。公司法案例运用于审判实践的主要目的是在现行法律框架内,以公平公正之理念,遵循法律推理和法律适用的一般原则,妥善处理公司法纠纷。与此相对,公司法案例,尤其是最高人民法院发布的指导案例是理论研究重点考察的基础要素,公司法理论研究使用案例的主要目的在于研究法律规定的瑕疵,寻找比较法上的比较合理的解决方案,乃至创设一种新的理论。

因此,本书从司法判例入手,选择公司法适用中的疑难问题,所选案例至少经过二审,乃至再审定案,并且绝大多数是最高人民法院公告案例或者最高人民法院裁判的案例。通过案例引出公司法适用中的疑难问题,在此基础上围绕法理与争鸣展开,梳理相关问题的理论基础、学术观点,并结合作者的研究心得,提出解决问题之一孔之见。同时,立足于我国公司法的立法与司法实践,兼顾公司法各个领域的疑难问题,尽量全面体现公司法的基本理念、基本原则和主要规则。

本书的内容是笔者在日常工作中的积累,涉及发表过的论文、学术研讨中的发言、授课时的讲稿以及尚未发表的论文的部分内容。书中案例的改动、解决问题的方案均带有个人主观倾向性,难免存在疏漏,敬请同行批评指正。

张钦润、黄晓林

2023 年 1 月

目　录

第一章
公司人格与能力

第一节　公司法人人格否认

一、关联公司法人人格否认纠纷

乙公司成立于 1994 年 4 月 15 日,股东为 B、王某某、杨某某、王某 1、倪某,法定代表人为王某某。2007 年 10 月 31 日,法定代表人变更为倪某。2008 年 3 月 31 日,股东变更为王某某、倪某。

甲公司成立于 2004 年 9 月 14 日,股东为王某某、李某、倪某,法定代表人为王某某。2007 年 8 月 14 日,股东变更为王某某、倪某。

丁公司成立于 2005 年 4 月 27 日,股东为吴某(10%)、张某某(10%)、凌某(5%)、过某某(5%)、汤某某(5%)、武某(5%)、郭某(60%),法定代表人为吴某。随后,丁公司的股东多次发生变动,最终变更为吴某(10%)、张某某(90%)。王某某与张某某系夫妻关系。

乙公司章程、甲公司章程均载明,公司经理行使主持公司的生产经营管理工作等职权。乙公司及甲公司均聘任王某某为公司经理。丁公司章程载明,公司股东会聘任非股东人员王某某任经理;经理对股东会负责,主持公司日常经营管理工作。

乙公司的经营范围为:销售工程机械、矿山机械及零配件、轴承、五金工具、钢材、水泥、建筑材料及辅料、五金交电、电动工具、润滑油,钻探设备、混凝土机械、载重汽车及零配件、工程机械租赁及维修。甲公司的经营范围为:建筑工程机械、路面工程机械、矿山工程机械设备的租赁、维修、加工、销售;机械设备技术信息咨询和技术服务;销售机械配件、金属材料、工程机件、五金交电、建辅建材、润滑油、日用百货。丁公司的经营范围为:销售工程机械、矿山机械及零配件、轴承、钢材、建筑材料及辅料、五金交电、电动工具、润滑油、汽车零配件、工程机械租赁及维修。

丁公司与甲公司共用销售部业务手册,该手册封面载明了两公司名称,内容包括丙公司样机发货申请单、丁公司与甲公司的财务结算开票资料、财务部出纳个人结算卡号(卢某的个人银行账户)等。

《乙公司时讯报》载明的地址为"己镇",宣传的企业精神为"志纳百川、心交四海"。2008年1月10日的《乙公司时讯报》刊登了下列内容。《2008年公司管理团队介绍》:何某某为常务副总经理;倪某为营销总监及工程经营部经理;汤某某为企业风险及安全管理办公室主任;凌某为财务部经理,兼任企业风险及安全管理办公室副主任;吴某为综合部行政经理;过某某为销售部销售经理。

2008年12月4日,庚市公证处出具的公证书记载,通过因特网查询丁公司的相关信息时,甲公司的企业资料信息会一并出现;甲公司、丁公司在相关网站上共同招聘员工,所留电话号码、传真号码等联系方式相同;甲公司、丁公司的招聘信息,包括大量关于乙公司的发展历程、主营业务、企业精神的宣传内容,并称甲公司、丁公司均由乙公司出资注册;部分招聘信息列明的丁公司联系人为王某某;部分丁公司的招聘信息中,公司简介全部为对甲公司的介绍;部分丁公司的企业简介称公司成立时间为1999年,系丙公司四川地区(攀枝花除外)经销商,企业精神为"志纳百川、心交四海"。

《乙公司2007年壬产品二级经销协议》载明:合同甲方为丁公司;为了扩大"乙公司"所销售壬产品的市场占有率,就二级经销事宜达成协议;产品经销价格详见"丁公司二级经销价格表";广告牌的制作突出"丙公司产品"和"乙公司"品牌,具体以丁公司确认的方案为准。

2009年5月26日,卢某在辛市公安局经侦支队对其进行询问时陈述:丁公司目前已经垮了,但未注销;丁公司的法定代表人是吴某,总经理是王某某,实际拥有人是王某某;王某某还拥有甲公司、乙公司,所有的签字均由王某某签;卢某是甲公司、丁公司的出纳;卢某个人办有四张用于收取丙公司工程机械销售款的银行卡;上述银行卡的资金来源中包括丙公司的机械款、甲公司机械租赁款及工程款、丁公司工程机械配件款;只要有王某某的签字,其就对外付款,有的付给甲公司,有的付给丙公司,还包括支付给交通局的工程保证金和支付给招标公司的投标保证金、施工工地材料款等。

2009 年 6 月 15 日,凌某在辛市公安局经侦支队对其进行询问时陈述:凌某于 2001 年开始任乙公司财务经理,后兼甲公司会计,于 2009 年 5 月辞职;乙公司从 2003 年开始与丙公司有往来;乙公司销售丙工程机械的款项有 60% 的个体客户将款打至凌某及卢某的银行卡上;乙公司销售丙公司机械的款项为 8 000 万元～9 000 万元,具体多少台记不清了。

2005—2007 年期间,丙公司与丁公司签订多份工业品买卖合同,约定壬公司向甲公司、丁公司销售装载机、压路机等工程机械产品。合同签订后,壬公司按约履行了交付义务,但丁公司却未支付货款,共计 10 511 710.71 元。

2005 年 8 月 15 日,甲公司、乙公司、丁公司共同向壬公司出具说明一份,载明:乙公司成立于 1999 年,由于公司业务不断扩张,于 2004 年、2005 年先后注册了甲公司、丁公司;这三个单位分别与壬公司签订了销售合同,所产生的债权债务以及销售量都算丁公司的,以后尽量规范以丁公司与壬公司业务往来。乙公司、甲公司、丁公司以及丙公司成都办事处在该说明上盖章。

此外,2006 年 12 月 7 日,丁公司、甲公司共同向壬公司出具《关于"甲公司、丁公司"2006 年度丙公司产品销售划分的申请》(以下简称《申请》)一份,载明:2006 年度丁公司、甲公司分别销售有丙公司的装载机、压路机,为了统一核算,现郑重申请将甲公司、丁公司在 2006 年度所有业绩、账务都计算到丁公司名下。

丙公司认为:上述三公司业务、债务、资产混同,甲公司、乙公司应对丁公司的债务承担连带清偿责任。

二、裁判结果及理由[①]

本案的争议焦点在于:甲公司、乙公司与丁公司之间是否存在资产混同情形,是否应当对丁公司的债务承担连带清偿责任。一审法院判决甲公司、乙公司与丁公司之间存在资产混同情形,应当对丁公司的债务承担连带清偿责任。二审法院维持一审判决。

---

① (2011)苏商终字第 0107 号。

（一）甲公司、乙公司、丁公司人员混同

第一，甲公司与乙公司的股东相同，均为王某某等人。丁公司虽股东与之不同，但拥有90%股份的控股股东张某某系王某某之妻。而且，丁公司的其他股东均为乙公司的高级管理人员。

第二，乙公司从1994年4月成立至2007年10月期间，法定代表人为王某某。丁公司的法定代表人吴某是乙公司的综合部行政经理。

第三，三公司的财务负责人均为凌某，出纳会计均为卢某，工商手续经办人均为张某。

第四，根据公司章程，三公司行使主持生产经营管理工作等职权的均为经理，且三公司聘任的经理均为王某某。

第五，根据2008年9月1日《乙公司时讯报》简讯内容，免去过某某丁公司副总经理职务的决定系乙公司作出，且原因是乙公司业务板块建设等工作需要。同时，过某某是乙公司的销售部销售经理。

综上所述，三公司的股东、法定代表人或相同或具有密切关联，三公司主持生产经营管理的经理均为王某某，在人事任免上存在统一调配使用的情形，其他高级管理人员存在交叉任职，且重要部门任职人员相同，构成人员混同。

（二）甲公司、乙公司、丁公司业务混同

第一，甲公司、乙公司、丁公司的经营范围基本重合。三公司在工商行政管理部门登记的经营范围均涉及工程机械且基本重合。此外，在实际经营中，三公司均经营工程机械相关业务，且在仅有甲公司的经营范围曾包括公路及市政工程施工等情况下，乙公司实际经营着市政工程施工等业务，并将之确定为三大业务板块之一。

第二，甲公司、乙公司、丁公司在对外进行宣传时信息混同、未作区分。首先，根据庚市公证处的公证书，甲公司、丁公司在网上共同招聘员工且所留联系方法等招聘信息一致；在网上对企业进行宣传时未进行区分，如以甲公司、丁公司名义所作出的招聘信息中包括了大量乙公司的介绍，在以丁公司名义作出的

招聘信息中列明的是甲公司的介绍以及乙公司的成立时间、企业精神等。其次，乙公司登记的地址为 A 地，丁公司登记的住所地为 B 地。但是，《乙公司时讯报》所载的地址是丁公司的地址。再次，《乙公司时讯报》将丁公司的人事任免情况作为简讯进行刊登。

第三，甲公司、乙公司、丁公司在工程机械销售等业务中不分彼此。首先，三公司均与壬公司存在业务往来的前提下，三公司不仅要求将相关业务统计于丁公司名下，还表示业务尽量以丁公司的名义操作。可见，三公司将自身视为一体，刻意要求不进行明确区分。其次，甲公司与丁公司共用统一格式的销售部业务手册，且封面载有上述两公司的名称，手册中载明两公司的结算开票资料，其中结算账户为两公司共同的财务人员卢某的个人银行账户，而手册中的丙公司样机发货申请单表明该手册用于丙公司工程机械的销售。再次，乙公司以壬公司四川地区（攀枝花除外）唯一经销商的身份对外宣传并开展相关业务，在制作的乙公司 2007 年壬产品二级经销协议中明确要扩大乙公司所销售产品的市场占有率，要求二级经销商在制作广告牌时应突出"乙公司"的品牌，但在该协议上作为合同签约人盖章的是丁公司。以上事实表明，经营相关业务时，乙公司与丁公司未区分彼此。

（三）甲公司、乙公司、丁公司财务混同

第一，甲公司、乙公司、丁公司使用共同的账户。三公司均使用卢某、凌某的个人银行账户，往来资金额巨大，凌某的个人账户达 1 300 余万元，卢某的个人账户高达 8 800 余万元。

第二，甲公司、乙公司、丁公司未提供证据证明对共同使用的银行账户中相关资金的支配进行了区分。甲公司、乙公司、丁公司高达 8 800 余万元的款项在进入其个人银行账户后，具体用款的依据仅是三公司经理王某某的签字，资金走向中包括甲公司，亦包括对外支付工程保证金、施工材料款等。并且，三公司并未提供充分证据证明三公司共同的财务人员对三公司共同使用的账户中的资金进行了必要的区分并有相应的记载。

第三,三公司与壬公司之间的债权债务、业绩、账务均计算至丁公司名下。

第四,三公司与壬公司之间业务往来的返利均统计在丁公司账户内尚未分配,且对返利的分配未作约定,即对相关业务的收益未加区分。

综上所述,甲公司、乙公司、丁公司在经营中无视各自的独立人格,随意混淆业务、财务、资金,相互之间界限模糊,无法严格区分,使得交易相对人难以区分准确的交易对象。在均与壬公司有业务往来的情况下,三公司还刻意安排将业务统计于丁公司的名下,客观上削弱了丁公司的偿债能力,有滥用公司独立人格以逃避债务之嫌。三公司虽在工商登记部门登记为彼此独立的企业法人,但实际上人员混同、业务混同、财务混同,已构成人格混同,损害了债权人的利益,违背了法人制度设立的宗旨,其危害性与《中华人民共和国公司法》第二十条规定的股东滥用公司法人独立地位和股东有限责任的情形相当。为保护债权人的合法利益,规范公司行为,参照《中华人民共和国公司法》第二十条的规定,甲公司、乙公司应当对丁公司的债务承担连带清偿责任。

三、法理与争鸣

(一)公司法人人格否认的一般理论

1. 法人人格否认的内涵

法人人格否认起源于美国判例,德国、日本等大陆法系国家也以判例的形式确认了该制度。2005年,《中华人民共和国公司法》以下简称《公司法》引进法人人格否认制度,通过第二十条第三款将此制度以成文法的形式确定下来。学界认为,"法人人格否认制度是指为阻止公司独立人格的滥用和保护公司债权人利益及社会公共利益,就具体法律关系中的特定事实,否认公司与其背后的股东各自独立的人格及股东的有限责任,责令公司的股东(包括自然人股东和法人股东)对公司债权人或公共利益直接负责,以实现公平、正义目标之要求而设置的一种法律措施。"[①] 英美法系称"解开公司面纱""刺破公司面纱",德国称"直索责任",日本称"透视理论"。

---

① 朱慈蕴. 公司法人人格否认法理研究 [M]. 北京:法律出版社,1998:7.

2. 公司法人格否认的理论基础

英美法系国家通过判例确立揭开公司面纱法理,其目的是救济公司人格被滥用而遭受损害的公司债权人。对于揭开公司面纱的依据,英美法系国家主要存在三种观点:一是同一说,认为公司和股东虽以各自独立形式存在,但事实上却为同一主体,公司责任即为股东责任;二是代理说,认为公司实质上为股东的代理人,公司背后的控制股东才是被代理人;三是工具说,认为公司只是股东实现自身目的的特别工具,不具有真正独立形成和表达自己意思的能力。虽然三种学说解释的出发点不同,但无论是哪一种学说,最终都归结到控制股东(或滥用公司独立人格的股东)对公司的债务承担责任上。①

3. 法人人格否认的适用条件

法人人格否认制度的立法目的在于保护公司债权人的利益,同时涉及公司的独立人格和股东的有限责任,在适用时应当具备一定的条件。对此,学界主要有三要件说、四要件说。

一是三要件说:①主体要件包括法人人格的滥用者和因法人人格滥用而受到侵害的债权人;②行为要件:实施了滥用公司法人人格的行为;③结果要件:滥用行为造成了逃避债务、严重损害债权人利益的结果。②

二是四要件说:在三要件的基础上增加"公司设立合法有效且已经取得了独立人格"这一要件。③也有一种观点是在三要件的基础上增加"因果关系要件",即因股东滥用公司法人独立地位和股东有限责任的行为,使债权人遭受了"严重损害"。④

在两种学说中,均不包含"行为人的主观恶意",因为如果将主观恶意作为适用要件之一,就会增加债权人的举证责任,而主观要件的证明非常困难。此

---

① 樊纪伟.关联公司扩张适用公司人格否认之检讨——兼评最高法院指导案例 15 号 [J].湖南大学学报:社会科学版,2016(3):139-142.

② 朱慈蕴.论公司法人格否认法理的适用要件 [J].中国法学,1998(5):74-81.

③ 蔡立东.公司人格否认制度的衡平性 [J].吉林师范大学学报,2004(2):29.

④ 最高人民法院民事审判第二庭.《全国法院民商事审判工作会议纪要》理解与适用 [M].北京:人民法院出版社,2019:146.

外,关于四要件说中的"公司设立合法有效且已经取得了独立人格"要件的合理性问题,公司法人人格否认的前提就是公司取得了独立人格,即"公司取得立独立人格"已经隐含在法人人格否认之中,没有必要将其作为单独的适用要件。

需要注意的是,公司人格否认不是全面、彻底、永久地否定公司的法人资格,而只是在具体案件中依据特定的法律事实、法律关系,突破股东对公司债务不承担责任的一般规则。公司人格在个案中被否认的判决仅仅对该诉讼的当事人有约束力,不当然适用于涉及该公司的其他法律关系。

(二)关联公司能否适应《公司法》第二十条第三款的问题

我国《公司法》第二十条第三款规定:"公司股东滥用公司法人独立地位和股东有限责任,逃避债务,严重损害公司债权人利益的,应当对公司债务承担连带责任。"该法条的规范对象是公司股东和公司间的关系,规范效果是公司股东对公司债务承担连带责任。而本案则是法院参照适用第二十条第三款,认定法律地位彼此独立、无投资与被投资关系的公司(关联公司)之间"人格混同",相互承担连带责任则。对此,学界有不同的观点。

第一,支持的观点。根据"单一商业体理论",又名"企业整体说",当一个庞杂的商业体被人为地拆分成多个表面独立的个体,但究其实质,诸个体的设立仅仅是用来规避部分法律责任时,这些个体仍应被视为一个整体的商业体来共同承担相应的责任。在美国司法实践中,如在一大集团将某一项商业项目分别交由几家不同的公司同时运营,以使得让债权人可以向每家公司主张的债权最小化的情况下,法院可能会揭开这些公司的面纱,将这些关联公司认定为一个整体共同对外承担债务。[1]

第二,反对的观点。本案中,法院判决"参照"适用《公司法》第二十条的规定,"参照"应理解为类推适用。类推适用是将法律针对某类案件的规范,转移至适用于法律未设规定但与前述案件相类似的另一类案件之上。但本案的

---

[1] 陈洁. 商事指导性案例的司法适用 [M]. 北京:社会科学文献出版社,2017:63.

案情与《公司法》第二十条第三款的适用案型是明显不同的。从被告间的关系看,前者的三个被告之间并无交叉持股关系,后者的规范对象则是股东与公司之间的关系;从被告的行为看,前者是三被告的资产、业务和人员交叉重叠而不加区分,后者则是股东不当利用公司的法人独立地位和股东有限责任,逃避债务。而本案的判决结果也与《公司法》该款的规范效果不同。该案判决其他公司对债务人公司的债务承担连带责任,而第二十条规定的是股东对公司的债务承担连带责任。因此,类推适用缺乏妥当性。因公司的独立性建立在"独立财产"的基础之上,当关联公司之间的财产难以区分,并且给债权人造成严重损害时,可以依据《中华人民共和国民法典》(以下简称《民法典》)的公平和诚实信用原则以及《公司法》第三条第二款之规定处理相关纠纷。因此,对于本案而言,并不存在法律漏洞。故"参照"或者类推适用第二十条第三款没有必要。①

虽然学界对关联公司应否适用《公司法》第二十条第三款的问题上存在争议,但是,2019 年的《全国法院民商事审判工作会议纪要》第 11 条规定,控股股东或实际控制人滥用控制权使多个子公司或关联公司,财产边界不清、财务混同,利益相互输送,丧失人格独立性,沦为控股股东逃避债务、非法经营,甚至违法犯罪的工具的,可以综合案件事实,否认子公司或关联公司法人人格,判令承担连带责任。这一规定意味着司法实践突破了《公司法》第二十条第三款纵向否认的规定,将法人人格否认适用于关联公司的横向否认。

(三)关联公司法人人格否认后的责任主体问题

在本案中,法院判令几个关联公司承担连带责任,实际控制股东或实际控制人不是责任主体。《全国法院民商事审判工作会议纪要》第 11 条是对无股权关系的关联公司适用法人人格否认制度的规定,此款仅规定"否认子公司或者关联公司法人人格,判令承担责任",但是,未明确是判令谁承担责任,仅根据这

---

① 王军.人格混同与法人独立地位之否认——评最高人民法院指导案例 15 号 [J].北方法学,2015(4):46-47.

句话来看,可以推定是判令子公司和关联公司承担责任,但控制股东或实际控制人是否承担连带责任不明确。

在此种情形下,控制股东或者实际控制人不应承担责任,因为关联公司适用法人人格否认制度的目的在于,应当否认关联公司各自独立的人格,由关联公司作为整体对债务人公司承担连带责任。[①] 持否定观点的学者则认为,不追究关联公司背后的控股股东或实际控制人的责任,将发挥不了法人人格否认制度保护公司债权人的功能,也不能充分实现公平正义的法律核心价值,因而应当由实际控制人和控制股东承担连带责任,同时也认为实际控制人或实际控制股东承担连带责任应当以由债权人提出主张,并且实际控制人滥用法人独立地位和股东有限责任为条件。[②] 否定观点主张实际控制人或控股股东承担的责任的前提之一是,这些主体有滥用股东权利或控制权的行为,否则不需要承担责任。因此,关联公司适用法人人格否认制度时,原则上由关联公司承担责任,实际控制人或控股股东不承担责任。

第二节　公司法定代表人的变更

一、法定代表人涤除登记纠纷

2010 年 11 月 15 日,明宪公司成立,公司类型为有限责任公司(国内合资)。公司注册资本为 5 000 000 元,林某 1 出资额 4 000 000 元,投资比例 80%,林某 2 出资额 1 000 000 元,投资比例 20%。公司章程约定:①林某 1 为公司执行董事兼法定代表人;②林某 2 为公司监事;③不设董事会,设执行董事一人,对公司股东会负责,由股东会选举产生,执行董事任期三年,任期届满,可连选连任;公司法定代表人为公司的执行董事。

2014 年 11 月 14 日,明宪公司投资人由林某 1、林某 2 变更为某 1、林某 3,监事由林某 1、林某 2 变更为林某 1、林某 3。

---

① 施天涛. 公司法论 [M]. 北京:法律出版社,2018:33.
② 樊纪伟. 关联公司扩张适用公司人格否认之检讨——兼评最高法院指导案例 15 号 [J]. 湖南大学学报:社会科学版,2016(3):139-142.

2015 年 5 月 26 日,林某 1 将所持明宪公司 80% 股权作价 1 000 000 元转让给孙某某,林某 3 将所持明宪公司 20% 股权作价 500 000 元转让给何某,并约定附属股权的其他权利随股权的转让而转让。同日,孙某某、何某作出股东会决议,变更公司章程为:孙某某为公司执行董事,何某为公司监事,林某 1 和林某 3 不再担任公司职务;公司的法定代表人由执行董事担任;章程其他事由未作变更。

2015 年 7 月 6 日,孙某某将所持明宪公司 80% 股权作价 4 000 000 元转让给林某 1,何某将所持明宪公司 20% 股权作价 1 000 000 元转让给林某 2,并约定附属于股权的其他权利随股权的转让而转让。同日,林某 1、林某 2 作出股东会决议,变更公司章程为:股东林某 1 出资额 4 000 000 元,出资比例 80%,林某 2 出资额 1 000 000 元,出资比例 20%;章程其他事由未作变更。

2017 年 7 月 10 日、2018 年 7 月 7 日,明宪公司分别因 2016 年、2017 年未依照《企业信息公示暂行条例》第八条规定的期限公示年度报告被上海市闵行区市场监督管理局列入经营异常名录。

2018 年 11 月 26 日,明宪公司因“成立后无正当理由超过六个月未开业,或者开业后自行停业连续六个月以上”被上海市闵行区市场监督管理局吊销营业执照。现明宪公司登记状态为吊销,未注销。

孙某某提起诉讼,请求明宪公司立即涤除孙某某作为该公司法定代表人的登记事项。

二、裁判结果及理由

本案争议的焦点在于:第一,法定代表人是否可以以其不具备公司股东或员工身份主张变更法定代表人;第二,挂名执行董事和法定代表人未参与公司经营管理是否可以作为涤除法定代表人登记事项的理由。

(一)一审裁判

一审法院判决驳回孙某某的诉讼请求,理由如下。第一,根据法律规定,公司法定代表人依照公司章程的规定,由董事长、执行董事或者经理担任,并依法登记。可见,法定代表人应当为具有一定管理能力和从业知识的公司内部成员且经依法登记,而具体的选任权则留给公司自治。孙某某作为明宪公司的法定代表人,其登记缘由并非非法原因,如被冒用身份,则其身份的变更应当由公司意思机关作出决议后尚可提出履行决议之诉,否则,法院替代公司意思机关作出判决变更法定代表人缺少事实和法律依据,且有干涉公司意思机关决策之嫌。第二,即使公司法定代表人经判决涤除,如何选任变更后登记的人选亦属未决事项。如公示登记信息空置,则易造成债权人利益受损,其至导致市场秩序紊乱;如由登记机关指任其他公司成员,则更缺乏合法依据。第三,孙某某和何某在 2015 年 7 月 6 日将股权出让给林某 1、林某 2 后,新的股东会决议并未决议产生新的执行董事,孙某某所称的"附属于股权的其他权利随股权的转让而转让"的约定,并不能得出法定代表人身份是附属于股权的权利的结论,也不能得出法定代表人应当变更的结论。另外,关于孙某某所称其未担任公司任何职务、未参与公司经营管理等主张,法院认为对于孙某某所称的上述事实,因明宪公司未到庭而无法作出判断;且即使孙某某所述属实,也不能否决股东会所作的决议,亦不能成为涤除其法定代表人登记信息的理由。最后,因明宪公司被列入失信被执行人名单,亦无法变更法定代表人登记。综上所述,一审法院判决驳回孙某某的诉讼请求。

（二）二审裁判

二审法院判决驳回孙某某的上诉,维持原判,理由如下。第一,依据《中华人民共和国公司登记管理条例》第九条之规定,法定代表人姓名是公司的登记事项。依据《中华人民共和国公司法》第十三条之规定,公司法定代表人依照公司章程的规定,由董事长、执行董事或者经理担任,并依法登记。本案中,孙某某于 2015 年 5 月 26 日经明宪公司股东会决议被选举为执行董事。且,明宪公司章程第二十三条规定:"公司的法定代表人由执行董事担任。"可见,孙某某欲不再担任明宪公司法定代表人,其前提是不再担任该公司执行董事。第二,明宪公司章程规定:"公司不设董事会,设执行董事一人,任期三年,由股东会产生。执行董事任期届满,可以连任。"尽管从现有证据来看,孙某某担任执行董事的任期已届满,但《中华人民共和国公司法》第四十五条第二款规定,董事任职届满未及时改选,在改选出的董事任职前,原董事仍应当依照法律、行政法规和公司章程的规定,履行董事职务。所以,孙某某在任期届满后,仍应依法继续履行执行董事职务并担任法定代表人。第三,自然人担任公司法定代表人并非以其是否系公司股东或者员工为前提条件。因此,即便孙某某不是明宪公司股东和员工,不影响其担任法定代表人。更何况,前已述及,明宪公司法定代表人由执行董事担任。第四,即便孙某某仅为挂名执行董事和法定代表人而不实际参与明宪公司经营管理,这也不能成为其有权主张涤除法定代表人登记事项的理由。孙某某是具有完全民事行为能力的成年人,其应当对自身的行为所造成的风险负责。此外,对于孙某某涤除法定代表人的登记事项的请求,孙某某应当提请明宪公司股东林某1、林某2尽快选举出新的执行董事并由该执行董事按照公司章程规定担任法定代表人。如果林某1、林某2对孙某某的提请恶意逃避或者消极对待,并给孙某某实际造成损失的,孙某某可以主张赔偿。综上所述,法院判决驳回孙某某的上诉请求,维持原判。

三、法理与争鸣

近些年来,法定代表人要求退出公司的纠纷层出不穷,诉讼请求通常表现为变更法定代表人。现行立法的不完善,加之商业实践和司法实践对法定代表人法律地位的误读,使法定代表人变更登记纠纷的审判实践陷入重重困境,公司与法定代表人均面临法律风险,亟需在理论与实践层面厘清法定代表人与公司之间法律关系的本质,重塑法定代表人规范,以便能够顺利解决法定代表人退出公司的问题。

(一)法定代表人与公司法人之间法律关系的立法解读

1. "同一人格"理论下公司外部关系中法定代表人的权限与责任

法定代表人享有对公司的概括代表权限。公司作为社团组织,无法自行实施相关行为,必须由自然人代表公司实施。根据法人本质实在说的观点,代表人的行为即法人的行为,代表人是法人的机关,法人与其代表人是同一个人格,虽名二而实一,不存在两个主体。①《民法典》第六十一条第二款采纳了该学理观点,但立法并未详细列举法定代表人代表公司实施活动的具体范围,其代表权原则上被视为一种概括性的权利。②此外,基于法定代表人登记公示外观,对交易对象而言,法定代表人的行为即公司自身的行为,根据《民法典》第六十一条第二款、第五百零四条的规定,基于该行为所产生的权利、义务均由公司承受。

2. 身份重叠的法定代表人在公司治理中的权限与责任

对于法定代表人与公司之间的内部法律关系,《公司法》并没有明确法定代表人对公司的义务与责任,但因第十三条规定法定代表人由董事长、执行董事或经理担任,使法定代表人的身份具有了重叠性,且第一百四十七条、一百四十八条、一百四十九条规定了董事、监事、高级管理人员对公司的忠实义务和勤勉义务以及违反相关义务时对公司的赔偿责任。据此,审判实践普遍认为法定代表人负有忠实义务和勤勉义务,自然而然地将法定代表人与董事、经理等掌握公司管理权的主体不加区分地捆绑在一起,直接将法定代表人等同于董事或经理,将法定代表人的"代表"权限扩展到经营决策领域,形成法定代表人的权限"无所不包"的认知。

此外,其他立法中隐含了法定代表人享有经营管理权意思。《中华人民共和国破产法》(以下简称《破产法》)第十五条规定了法定代表人在破产程序中的义务,因怠于履行相关义务而造成公司或者公司债权人利益受损,要对破产债务承担清偿责任。《中华人民共和国建筑法》(以下简称《建筑法》)第四十四条也规定了法定代表人对建筑企业的安全生产负责。国务院发布的一系列行政法规、规章③,强化了法定代表人独揽大权的地位。2022年实施的《中华人民共和国市场主体登记管理条例》第十二条所规定的法定代表人的任职

① 梁慧星.民法总论(第五版)[M].北京:法律出版社,2017:132.
② 朱广新.法定代表人的越权行为[J].中外法学,2021(3):491.
③《中华人民共和国企业法人登记管理条例》(现已失效)第十一条、《中华人民共和国企业法人登记管理条例实施细则》(现已失效)第二十七条。

资格,与《公司法》第一百四十六条规定的董事、监事等高级管理人员的任职资格相同,更加印证了"法定代表人与董事、经理等同"的观念。

总之,由于相关法律文件的规定及商业实践和审判实践的解读,公司法领域形成一种普遍的认知:在大部分的公司经营管理活动中,法定代表人拥有对外概括代表公司签订各类经营合同的签字权和代表公司参加诉讼活动的权利,对内掌控公司经营管理事务,包括财务在内的主要管理决定均出自法定代表人,法定代表人处于公司治理的权力与责任核心位置,本文将其简称为"权责核心"。

(二)法定代表人的法律地位对登记涤除的影响

1. 法定代表人"权责核心"地位引发诸多纠纷

法定代表人的"权责核心"地位意味着法定代表人既要掌握公司的控制权,又要承担相应的责任,前者引发控制权争夺纠纷,后者成为法定代表人退出纠纷的缘起。一方面,法定代表人掌握公司内部管理大权和外部代表权,对外是公司商事交易活动的最终授权者,对内通过管理印章、签字、财务资料等方式最终控制公司财务[①],成为权力争斗的焦点,相关纠纷层出不穷。另一方面,法定代表人也是"责任核心",需要为公司的非法行为承担责任。当公司不执行生效法律文书而被强制执行时,法定代表人会被限制高消费、出境自由,由此引发法定代表人退出公司的纠纷,被登记的法定代表人请求变更登记。在此类纠纷中,部分法院认为,变更公司法定代表人属于公司的自治事项,法院不能强制公司作出决议变更法定代表人,亦无法直接代替公司变更其法定代表人,因而变更法定代表人的请求不属于人民法院应当受理的民事诉讼范围。即使法定代表人仅为挂名,并未实际参与经营管理,受到公司非法行为的牵连,被限制高消费,法院也以法定代表人的任命及变更为内部事项为由驳回变更请求。如果公司股东会或董事会一直不变更法定代表人,或者内部变更后不及时向登记机关申请办理变更手续,企业公示信息系统中公示的法定代表人就会一直承担相

---

① 刘俊海. 现代公司法 [M]. 北京:法律出版社,2011:495.

应的责任和风险。

2. "同一人格"理论遮蔽了法定代表人与公司之间法律关系的本质

"同一人格"理论的本旨在于解决代表行为的后果归属问题,原则上法定代表人的职务代表行为即公司行为,法定代表人与公司之间的关系不在"同一人格"理论的涵摄范围之内。然而,这一理论在解释适用过程中,与国有企业厂长经理负责制中的"一长制"的理念共同作用,使立法和实践产生了"法定代表人 = 负责人"的认知。一方面,法定代表人与公司之间具有实质关联性;另一方面,法定代表人具有唯一性,民法学界将法定代表人解释为"唯一确定的自然人"。由一名自然人担任法定代表人与由多名自然人担任相比,前者更能契合"同一人格"理论,也使该理论的解释适用更加圆满。法定代表人与公司的实质关联性、唯一性,将二者捆绑为一体,如同迷雾一般遮盖了二者之间真实的法律关系,使审判实践对法定代表人变更纠纷产生认知分歧。有的法院认为二者之间是平等主体之间的委托合同关系,有的法院则认为二者系公司组织内部关系。不同的认知造成了同案不同判的结果。此外,法定代表人的唯一性,也是判决执行遭遇困境的主要原因之一,登记机关拒绝执行判决书的理由为"依照公司法及公司登记行政法规,涤除法定代表人后必须要有人员接替,不能缺少法定代表人登记事项……"①如果法定代表人由复数自然人担任,协助执行机关就不能以此为由拒绝办理涤除登记。

(三)重塑法定代表人规范,破解涤除登记的实践困境

1. 法定代表人权限的去"核心化",回归"代表"的本质功能

法人的意思表示与自然人不同,自然人意思形成与意思表达由一个主体完成,公司的意思形成与意思表达在形式上是分离的,分别由决策机关和表达机关完成:股东会、董事会以决议方式形成公司的意思,通过法定代表人或其他代理人对外宣示披露公司的意思。②虽然在小规模公司中,代表机关和意思形成

---

① (2021)沪 0107 执 4646 号。

② 蒋大兴. 公司意思表示之特殊构造 [J]. 比较法研究,2020(3):8.

机关往往是重叠的,但二者在理论上依然有着清晰的区别。从学理的角度而言,法定代表人的法律地位应当仅为公司的"代言人",经营管理权并不是法定代表人本有的权限,而是在身份重叠的情形下,作为董事长、执行董事、经理所享有的权限。应将本属于董事、经理等管理人员的经营管理权,从法定代表人"无所不包"的权限中剥离出去,法定代表人回归其"代表者"的本质,使公司的代表权与决策管理权"桥归桥,路归路"。法定代表人权限去"核心化"有利于减少争夺公司控制权的纷争,同时防止法定代表人承担超过其代表职能的责任,无由为公司行为"背锅",减少和预防纠纷的发生。

2. 厘清法定代表人与公司之间的本质关系

法定代表人的"权责核心"地位被纯化后,作为单纯的公司意思表达机关,其与公司之间的基础法律关系对于解决"法定代表人涤除登记"问题至关重要。学界对法定代表人的代表权的性质有代表说和代理说两种解释。代表说以"同一人格"理论为基础,认为代表人实施的法律行为是被代表人的行为。然而,对"同一人格"理论的质疑声不绝于耳。有学者认为,法定代表人是自然人,而公司则是区别于法定代表人的由人和资本构成的独立主体。二者有各自不同的利益诉求,会存在利益冲突,"同一人格"是不切实际的假想。① 不区分法人与自然人,将法定代表人的行为均视为法人的行为,可能导致法人需要承担越权代表行为的后果。② 代理说则认为代表与代理在规范来源、登记与否、权限范围等形式方面有差异,但二者在行为要件、法律行为后果归属上并无本质区别。③ 既然"同一人格"的理论不能贯彻始终,代表制度独立于代理制度也就失去了支撑,其实只是一种特别的、适用公司领域的代理,法定代表人是通过法定系统公示的代理人,其真正独特之处在于登记制度。④ 从法律关系的构成要素来看,代理说更具有合理性。

---

① 袁碧华. 法定代表人的制度困境与自治理念下的革新 [J]. 政法论丛,2020(6):84.

② 王利明. 民法总则 [M]. 北京:中国人民大学出版社,2018:292.

③ 迟颖. 法定代表人越权行为的效力与责任 [J]. 清华法学,2021(4):121-139.

④ 蔡立东,孙发. 重估"代表说" [J]. 法制与社会发展,2000(6):31.

既然公司授予法定代表人代理权,法定代表人为公司实施法律行为,那么依民法学理,二者之间必然存在来源法定或意定的基础关系。法定代表人的产生、消灭源自公司的股东会或董事会,公司与法定代表人之间的基础关系并非源自法定,而是双方意定的结果。公司内部决策机关选定法定代表人后,公司与被选之人协商,征得其同意即形成平等主体之间的委托关系。依据《民法典》第九百三十三条的规定,作为受托人的法定代表人有权随时解除委托关系,但是应当赔偿给对方造成的损失。

3. 赋予公司设定多元代表模式的权利

法定代表人的单一性是公司治理中"权责核心"地位形成的重要前提,也不适应事务繁多的大规模公司的经营管理需求。因而,解决相关纠纷的关键在于打破法定代表人的唯一性,使法定代表人的地位返璞归真。与我国有类似代表制度的大多是大陆法系国家,如德国《股份公司法》第78条,瑞士《债务法典》第716条(B)、第811条、第812条,韩国《商法典》第389条。与我国的法定性、单一性相比,这些立法有以下特点:第一,公司代表人的范围比较广泛,全体董事、经理乃至股东等其他人均在代表人候选范围之内;第二,代表人的人数可以是一人,也可以是数人;第三,立法充分尊重公司自治,公司章程或股东会对代表人的确立具有相当大的决定权。

我们可以借鉴域外经验,扩大公司确定法定代表人的自治权。首先,公司可以根据实际情况采用多人的共同代表或者一人的单独代表的模式;其次,公司可以自由选择代表人,各国的主流做法是由董事会或其成员及经理作为候选人,甚至瑞士《债务法典》规定股东乃至非股东的第三人也可以担任代表人。在厘清代表人的法律地位,将其限定为公司"代言人"角色的基础上,代表人不一定必须由董事、经理等高级管理人员担任,可以扩大到公司认可的其他主体的范围。当然,基于意思形成与意思表达的内在逻辑性,实践中,由作出经营决策的机关代表公司实施法律行为,更加符合商事交易安全和效率的要求。

第三节 公司对外担保的效力

一、公司对外担保纠纷

2006 年 4 月 30 日,A 银行与甲公司签订借款合同,约定了借款金额、借款期限、借款用途及贷款利率、违约责任等事项。2006 年 6 月 8 日,乙公司出具了不可撤销担保书,承诺对上述贷款承担连带保证责任,担保范围包括借款本金、利息、罚息、违约金及其他一切相关费用。担保期间为自本担保书生效之日起至借款合同履行期限届满另加两年。2006 年 4 月 30 日,A 银行与乙公司分别签订了两份抵押合同,约定以乙公司的一宗土地使用权及十七套房产作抵押,并在相关主管机关办理了抵押登记,担保范围包括但不限于借款本金、利息、罚息、违约金、损害赔偿金及实现债权的费用。

A 银行持有乙公司的股东会担保决议。乙公司的股东共有八个:甲公司、丙公司、丁公司、B、己公司、庚公司、王某某、张某某。根据乙公司章程,甲公司占总股本的 61.5%,甲公司系乙公司的股东和实际控制人。

股东会担保决议上有五枚签章:丙公司、丁公司、庚某公司、戊责任公司、甲公司。经司法鉴定,“丙公司”和“丁公司”两枚印章不真实。并且,自 2004 年 2 月 26 日至 2006 年 8 月 18 日期间,B 并没有变更企业名称为“戊责任公司”;2003 年 5 月 23 日,“庚某公司”已变更为现有的“庚公司”。再查:乙公司的八个股东中,王某某和己公司没有在股东会担保决议上签字盖章。

2006 年 6 月 8 日,A 银行按照合同约定将贷款如数转入甲公司账户内。贷款到期后,甲公司未能偿还借款本息。乙公司也没有履行担保义务。A 银行以甲公司和乙公司为被告提起诉讼,请求判令甲公司偿还贷款本金及利息,乙公司对上述债务承担连带责任。

乙公司辩称,股东会担保决议因违反了《公司法》第十六条第二款的规定而无效,A 银行未尽到对股东会担保决议的形式审查义务,具有主观过错,乙公司不承担担保责任。

二、裁判结果及理由 [①]

本案争议的焦点在于乙公司提供的担保是否有效。法院认定 A 银行与甲公司签订的借款合同系双方当事人真实意思表示,合法有效。但是,各级法院对于乙公司提供的担保的效力存在争议。

(一)一审裁判

关于 A 银行与乙公司签订的抵押合同以及乙公司出具的不可撤销担保书的效力,依照《公司法》第十六条的规定,乙公司为其股东甲公司提供担保,必须经乙公司的股东会决议通过,而 A 银行提供的股东会担保决议系无效决议,因此乙公司法定代表人订立涉案的抵押合同及不可撤销担保书系超越权限订立,对此,A 银行是知道或者应当知道的,理由如下。①股东会担保决议中,名称为"戊责任公司"的印章,按《公司法》规定不可能存在"责任公司"这种名称。②名为"庚某公司"的印章系 2003 年变更之前的旧名称。③根据《公司法》第十六条第三款规定,甲公司作为乙公司的股东,本不应参加此担保事项的表决,但股东会担保决议上却盖有甲公司的印章。综上所述,对于上述明显瑕疵,A 银行应能很容易审查出,但其未尽到应有的审查义务,故可以确定 A 银行知道或应当知道乙公司的法定代表人超越权限订立担保合同。

此外,股东大会担保决议上盖的"丙公司""丁公司"均系虚假印章,乙公司对担保合同的无效显然存在过错,A 银行作为债权人未尽到相应的审查义务也存在过错。根据《最高人民法院关于适用 < 中华人民共和国担保法 > 若干问题的解释》(以下简称《担保法解释》)第十一条"法人或者其他组织的法定代表人、负责人超越权限订立的担保合同,除相对人知道或者应当知道其超越权限的以外,该代表行为有效"的规定,本案中涉案抵押合同及不可撤销担保书应认定为无效。根据《担保法解释》第七条"主合同有效而担保合同无效,债权人无过错的,担保人与债务人对主合同债权人的经济损失,承担连带赔偿责任;债权人、担保人有过错的,担保人承担民事责任的部分,不应超过债务人

---

① (2012)民提字第 156 号。

不能清偿部分的二分之一"的规定(现《最高人民法院关于适用〈中华人民共和国民法典〉有关担保制度的解释》第十七条),乙公司应当对甲公司不能清偿部分的债务承担二分之一的赔偿责任。

(二)二审裁判

二审法院认为,根据《公司法》第十六条第二款的规定,作为债权人的A银行应当对借款人提供的借款抵押合同及股东会担保决议等相关资料的真实性从程序上、形式上进行审查。股东会担保决议中共盖有五枚印章,除甲公司外所盖印章均不是真实的,但是,甲公司是乙公司的股东和实际控制人。综上所述,股东会担保决议所盖五枚印章均无效,股东会担保决议事项并未经过股东会的同意而缺乏真实性,导致担保合同无效。A银行没有尽到审查义务,存在过错,对担保合同无效应当承担相应责任。乙公司对担保合同无效也存在过错,故一审判决乙公司应当对甲公司不能清偿部分的债务承担二分之一的赔偿责任,并无不当。

(三)再审裁判

再审期间,A银行提交一份新证据,即乙公司股东会成员名单及签字样本,证明乙公司提供给A银行的股东会决议上的签字及印章与其提供给A银行的签字及印章样本一致。

最高人民法院认为,乙公司对外提供担保的行为,应当受《公司法》《合同法》及《担保法》的规范。关于合同效力,《合同法》第五十二条(《民法典》第一百五十三条)规定"有下列情形之一的,合同无效:(五)违反法律、行政法规的强制性规定"。关于前述法律中的"强制性",《最高人民法院关于适用〈中华人民共和国合同法〉若干问题的解释(二)》第十四条则作出如下解释规定:合同法第五十二条第(五)项规定的"强制性规定",是指效力性强制性规定。公司的合同行为在接受《合同法》规制的同时,应当受作为公司特别规范的《公司法》的制约。《公司法》第一条开宗明义规定:"为了规范公司的组织和行为,保护公司、股东和债权人的合法权益,维护社会经济秩序,促进社会主义市场经济的发展,制定本法。"《公司法》第十六条第二款规定:"公司为公司股东或者实际控制人提供担保的,必须经股东会或者股东大会决议。"上述《公司法》规定已然明确了其立法本意在于限制公司主体行为,防止公司的实际控制人或者高级管理人员损害公司、小股东或其他债权人的利益,故其实质是内部控制程序,不能以此约束交易相对人,故上述规定宜理解为管理性强制性规范。对违反该规范的,原则上不宜认定合同无效。另外,如作为效力性规范认定将会降低交易效率和损害交易安全。譬如股东会何时召开、以什么样的形式召开、何人能够代表股东表达真实的意思,均超出交易相对人的判断和控制能力范围,如以违反股东决议程序而判令合同无效,必将降低交易效率,同时也给公司动辄以违反股东决议主张合同无效的不诚信行为留下了制度缺口,最终危害交易安全,不仅有违商事行为的诚信规则,更有违公平正义。

案涉股东会担保决议确实存在部分股东印章虚假、使用变更前的公司印章等瑕疵,以及被担保股东甲公司出现在股东会担保决议中等违背《公司法》规定的情形。乙公司法定代表人超越权限对外提供担保,是否构成表见代表,A银行是否善意,是本案担保主体责任认定的关键。《民法典》第五百零四条(原《合同法》第五十条)规定:"法人的法定代表人或者非法人组织的负责人超越权限订立的合同,除相对人知道或者应当知道其超越权限外,该代表行为有效,订立的合同对法人或者非法人组织发生效力。"A银行提交的证据表明,乙公司提供给A银行的股东会决议上的签字及印章与其为担保行为时提供给A银行的签字及印章样本一致。而乙公司向A银行提供担保时使用的公司印章真实,亦有其法定代表人真实签名。并且案涉抵押担保在经过行政机关审查后也已办理了登记。至此,A银行在接受担保人担保行为过程中的审查义务已经完成,其有理由相信作为担保公司法定代表人的代表行为的真实性。

股东会担保决议中存在的相关瑕疵必须经过鉴定机关的鉴定方能识别,必须经过查询公司工商登记才能知晓,必须谙熟《公司法》相关规范才能避免因担保公司内部管理不善导致的风险,如若将此全部归属于担保债权人的审查义务范围,未免过于严苛,亦有违《合同法》《中华人民共和国物权法》(以下简称《物权法》)等保护交易安全的立法初衷。担保债权人基于对担保人法定代表人身份、公司法人印章真实性的信赖,基于担保人提供的股东会担保决议盖有担保人公司真实印章的事实,完全有理由相信该股东会担保决议的真实性,无需、也不可能进一步鉴别担保人提供的股东会担保决议的真伪。因此,A银行已尽到合理的审查义务,主观上构成善意。

三、法理与争鸣

实践中,公司董事、经理等随意对外提供担保的现象非常普遍,上市公司大股东利用关联担保掏空公司的行为极其严重。因此,2005年《公司法》修订之时,在第十六条对公司担保行为进行了特别规定,在肯定公司担保能力的基础上,规制公司对外担保的意思形成机制,以此维护公司财产安全与股东利益。①然而,由于第十六条欠缺效果要件,且公司担保涉及组织法与行为法两大领域,于是围绕公司法定代表人违反该条规定对外提供担保的问题,学界和实务界产生了诸多争议。

(一)公司越权担保合同效力认定路径的演化

1. 路径之一:基于《公司法》第十六条的规范属性展开

关于越权担保合同是否有效,学界及实务界有诸多争议,其中最主要的判断依据是《公司法》第十六条的规范属性。

首先,第十六条是任意性规范还是强制性规范。有观点认为,第十六条所调整的对象是公司内部的权利义务,规范目的在于加强公司内部管理,对公司之外的第三人并不发生效力,应为任意性规范,并非强制性或禁止性规范。②相反观点则认为,就任意性规范而言,当事人可依约定予以变更或排除,但第十六条多次使用"不得""必须"这样带有明显强制色彩的词语,在解释上并不能通

---

① 曹士兵.《公司法》修订前后关于公司担保规定的解读[J]. 人民司法,2008(1):25.

② 胡旭东. 公司担保规则的司法续造——基于145份判决书的实证分析[M]. 北京:法律出版社,2012:73.

过当事人之间特别约定而予以排除适用。因此,第十六条并不属于任意性规范,而应属于对私法自治予以限制的强制性规范。^① 任意性规范不影响担保合同的效力。

其次,第十六条是效力性强制性规定还是管理性强制性规定。《合同法司法解释(二)》第十四条将《中华人民共和国合同法》第五十二条第(五)项中的"法律、行政法规的强制性规定"分为管理性强制性规定和效力性强制性规定。有学者认为,《公司法》第十六条第一款属于效力性强制性规定,对公司担保相对人也具有约束力,违反这一条的越权担保合同应当纳入《合同法》第五十二条第(五)项所规定的"违反法律、行政法规的强制性规定"[2]这一合同无效事由予以考量,并可据此直接认定担保合同所约定的担保事项不会对公司产生法律约束力[3];也有学者认为,《公司法》第十六条是对公司对外担保内部决议程序的规范与管理,违反这一规定并不影响担保合同的效力[4],认为第十六条属于管理性强制规范,公司越权担保仅是内部管理规范的违反,并不涉及交易相对人,故公司越权担保合同有效。第十六条是关于公司担保能力以及担保程序等方面的规定,这种规定是规范公司内部担保的法律规范,并不涉及对外第三人。如果公司违反该规范,其所产生的法律效力不能对抗善意交易相对人。[5]

2. 路径之二:基于越权代表规则展开

这种判断进路是以《合同法》第五十条(现《民法典》第五百零四条)为规范基础,将《公司法》第十六条理解为对公司法定代表人代表权限的法定限制,未经公司决策机构的决议,法定代表人代表公司签订担保合同,构成越权代表,结合具体个案事实判断相对人是否属于《合同法》第五十条(现《民法典》第

---

① 高圣平,卢祖新,蒋佩佚,等. 公司担保问题的裁判路径与具体规则 [J]. 人民司法,2019(10):22-23.

② 现已规定为《民法典》第一百五十三条:违反法律、行政法规的强制性规定的民事法律行为无效。但是,该强制性规定不导致该民事法律行为无效的除外。

③ 孙学亮,兰少一. 有限责任公司对外担保合同的效力分析 [J]. 公司法律评论,2013(1):7.

④ 詹巍,杨密密. 公司越权担保效力之理论与实证分析 [J]. 金融法苑,2011(2):34.

⑤ 李游. 公司越权担保效力判定路径之辨识 [J]. 河北法学,2017(6):155-169.

五百零四条)规定的除外情形——"知道或者应当知道其超越代表权限",进而判断违反《公司法》第十六条的担保合同的效力。[①] 由于公司对外传达公司意思依赖于法定代表人,公司越权担保实际上就是法定代表人越权。因此,公司越权担保的合同效力不应按照《公司法》第十六条来认定,而应按照《合同法》第五十条来进行认定。"董事会越权担保所签订的担保合同不能一律认定为无效,应当对善意第三人予以保护,可以类推适用《合同法》第五十条关于法定代表人越权代表的规定处理,即视第三人的主观状态而定。"[②] 这一立场与将《公司法》第十六条视为管理性强制规定的观点针锋相对,从第十六条的立法原意及对法定代表人权限的限制的角度阐述理由。

第一,效力性强制规范和管理性强制规范的划分方法,不能涵摄所有的强制性规定,不构成对《合同法》第五十二条第(五)项下强制性规定的封闭分类,对现实世界可能存在不周延的情况。[③] 此外,效力性规范和管理性规范是对强制性规范所作的区分,而强制性规范、任意性规范本身属于行为规范的范畴。作为组织法的《公司法》,既有组织规范,也有行为规范,第十六条属于组织规范的范畴。

第二,在以《公司法》第十六条为判断依据时,应当首先考察该条的立法意旨。《公司法》第十六条规定了公司担保意思的形成机制,究其产生缘由,是因为公司为他人提供担保可能给公司财产带来较大风险,立法者希望通过该条能够从法律层面对公司担保加以规范,维护公司利益,防止公司资产的流失。同时,公司作为多元利益的汇集体,对外担保涉及公司自身发展利益、大股东利益、中小股东利益、债权人利益等。因此,在判断公司越权担保效力时应慎重考量《公司法》第十六条的立法本意以及越权担保行为所涉法益,寻求交易公平

① 罗培新. 公司担保法律规则的价值冲突与司法考量 [J]. 中外法学, 2012 (6): 15; 高圣平. 公司担保相关法律问题研究 [J]. 中国法学, 2013 (2): 104-114.

② 崔建远, 刘玲玲. 论公司对外担保的法律效力 [J]. 西南政法大学学报, 2008 (4): 32.

③ 高圣平, 范佳慧. 公司法定代表人越权担保效力判断的解释基础——基于最高人民法院裁判分歧的分析和展开 [J]. 比较法研究, 2019 (1): 80-82.

与交易效率的一个平衡点。

　　随着否定《公司法》十六条系管理性强制规范的观点的出现,有学者指出,认定担保合同有效的裁判立场,忽视了《公司法》第十六条的规范目的,粗暴地以维护交易安全和效率、保护交易相对方利益为由,认可公司应当受担保合同的约束,从根本上就漠视了公司整体利益、中小股东利益,[①] 这样的裁判在适用第十六条时,没有从整体上把握公司担保立法规范的价值目标,仅仅通过法律规范属性的识别技术,简单地认定担保合同的效力,忽视了相对人的最低限度的注意义务。

　　第三,《公司法》第十六条是法律对法定代表人代表权的限定。《公司法》属于组织法的范畴,第十六条限制的是法定代表人的代表权限,即对于涉及公司重大利益的担保行为,法定代表人不能单独决定,必须以公司决议为前提。对法人代表之代表权的规制分为法律限制和章程限制。章程对法定代表人的限制属于内部限制,不能约束第三人,而法律规定的限制则可以约束第三人。《公司法》第十六条明确规定了公司对外担保所须履行的内部决策程序,这就意味着法律明文对法定代表人的对外担保权限进行了限制,不符合《民法典》第六十一条第三款规定的“法人章程或者法人权力机构对法定代表人代表权的限制,不得对抗善意相对人”。该条款针对的是来源于“法人章程”或“法人权力机构”的限制,而非法律规定的限制。换言之,公司章程中关于公司担保意思形成机制的条款,具有约束第三人的效力。2019 年的《全国法院民商事审判工作会议纪要》第 17 条采纳了该观点,根据《合同法》第五十条(现《民法典》第五百零四条)区分订立合同时债权人是否善意分别认定合同效力:债权人善意的,合同有效;反之,合同无效。

　　根据《民法典》第六十一条的规定,法定代表人在其权限范围内从事民事活动,其效果应当归属公司。《民法典》第五百零四条(原《合同法》第五十条)规定法定代表人越权订立的合同,除相对人知道或者应当知道其超越权限外,

---

① 肖伟志,汪婷 .《公司法》第 16 条强制性质解释的误区及重构 [J]. 湘潭大学学报:哲学社会科学版, 2017（6）:67.

该代表行为有效,订立的合同对法人发生效力。结合两个条款的文意来看,法定代表人违反《公司法》第十六条订立的担保合同,其效果是否归属公司的关键是,相对人是否知道或者应当知道法定代表人超越权限。如果相对人主张公司应承担代表人越权担保行为的后果,就应举证证明自己不知道、也不应当知道代表人的越权事实。而《公司法》第十六条被解释为公司对外担保的代表权限的法定限制,基于法律的公开宣示效力,相对人就应证明自己已对相应董事会或股东(大)会决议进行了合理审查,从而证明自己对代表人的代表权限享有合理信赖。换言之,当公司法定代表人对外签订担保合同时,相对人有义务审查法定代表人的权限是否符合《公司法》第十六条的规定,如果未尽到审查义务,就无法针对法定代表人订立的担保合同向公司主张担保责任。

(二)相对人的审查义务的范围与标准

在法定代表人越权担保这一问题上,相对人的审查义务仅仅是确定越权担保效力的前提,更为重要的问题是如何判断相对人是否尽了审查义务,也就是相对人的审查义务的范围是什么,审查义务范围涉及公司利益、股东利益、相对人的利益,与交易安全和交易效率具有极为密切的关系。依据《公司法》第十六条及《民法典》第五百零四条(原《合同法》第五十条)的文义,相对人的审查范围应当包括:第一,担保决策机构;第二,该担保决策机构的决议;第三,若公司章程限制了单项担保的数额,公司担保决议中确定的担保数额是否超过上述限制。相对人的审查义务的标准应为形式审查,而非实质审查。换言之,相对人仅对内部文件是否齐全、是否符合法定形式进行审查,以此区别于需要对公司章程、担保决议的真实性、合法性、有效性进行审查的实质审查标准。[①] 在形式审查的标准下相对人的审查应包括如下内容:

区分是普通担保还是关联担保,从而明确担保决议应由董事会还是股东(大)会作出。公司提供关联担保的决议机构是法律明确规定的股东大会,普通

---

① 高圣平,范佳慧.公司法定代表人越权担保效力判断的解释基础——基于最高人民法院裁判分歧的分析和展开[J].比较法研究,2019(1):80-82.

担保的决议机构依据章程的规定确定,章程没有规定的,股东(大)会或董事会均可。当然,也有观点认为对外提供担保是非日常经营事项,应当由股东(大)会作出决策。

审查决议通过的程序是否符合法定程序。根据法律和章程的规定,审查股东会决议、董事会决议的参会人数、同意票比例、签字股东是不是章程记载的股东、签字董事是不是公司登记备案的董事。本案中,最高人民法院依据"乙公司股东会成员名单及签字样本"与股东会决议上股东签名一致的事实,认定A银行尽到了审查义务,不具有充分的说服力。首先,如果有公司章程,被担保人接受担保时,应当核对章程中记载的股东;其次,控股股东参与股东会决议是违反《公司法》第十六条规定的。这两项内容的审查并不会额外增加被担保人的审查义务,应当纳入A银行的审查义务范围。因此,A银行在与乙公司签订担保合同时,存在主观过错,乙公司不应当承担担保责任。且2013年以后,"国家企业公示信息系统"逐渐开放,可以快速、迅捷地查询包括股东在内的基本企业信息,通过商事登记,从形式上审查股东会决议上股东签名也非难事。

2019年的《全国法院民商事审判工作会议纪要》第18条也规定了相对人的形式审查义务,作为认定相对人是否善意的标准,以确定公司是否对法定代表人订立的担保合同承担担保责任。

总之,对于法定代表人越权担保问题的裁判,近几年学界和司法界的主流观点是:首先,不再将《公司法》第十六条视为影响担保合同效力的强制性条款,而是对法定代表人对外担保权的法定限制。其次,依据越权代表规则,将《公司法》第十六条的法定限制作为相对人审查义务的标准,尽了审查义务的,公司需承担担保责任;否则,公司不承担担保责任。

第二章

资出与资本

第一节　对赌协议的效力与履行

一、对赌协议效力纠纷

2011 年 7 月 6 日前,甲公司与乙公司以及乙公司的股东共同签订增资扩股协议一份,约定甲公司以现金 2 200 万元人民币对乙公司增资,其中 200 万元作为注册资本,2 000 万元列为公司资本公积金。

同日,乙公司的 11 位股东、乙公司和甲公司就增资的有关事宜达成补充协议一份。补充协议第一条股权回购第 1 款约定:若乙公司在 2014 年 12 月 31 日前未能在境内资本市场上市或乙公司主营业务、实际控制人、董事会成员发生重大变化,甲公司有权要求乙公司回购甲公司所持有的全部乙公司的股份,乙公司应以现金形式收购;乙公司的违约行为导致甲公司发生任何损失的,乙公司股东、乙公司承担连带责任。

2011 年 7 月 20 日,甲公司向乙公司实际缴纳新增出资 2 200 万元,其中注册资本 200 万元,资本溢价 2 000 万元。乙公司出具收据,载明收款事由为投资款。

2011 年 11 月 20 日,乙公司召开创立大会,所有股东参加,股东一致表决同意通过新的公司章程,章程第一条规定,乙公司为股份有限公司……第二十一条规定,公司在下列情况下可以依照法律、行政法规、部门规章和本章程的规定回购本公司的股份:(一)减少公司注册资本;(二)与持有本公司股份的其他公司合并;(三)将股份奖励给本公司职工;(四)股东因对股东会作出的公司分立、合并决议持异议,要求公司回购其股份。除上述情形外,公司不进行买卖本公司股份的活动。

随后,乙公司因系列事项,并未按之前约定的时间完成上市。

2014 年 11 月 25 日,甲公司致函乙公司,述称甲公司除口头提出请求外,亦以书面提出回购请求如下:根据补充协议,鉴于乙公司在 2014 年 12 月 31 日前不能在境内资本市场上市,现要求乙公司以现金形式回购甲公司持有的全部公司股份,回购股权价格同补充协议的约定。

2012 年 7 月 27 日、2013 年 7 月 3 日、2014 年 8 月 18 日、2016 年 6 月 8 日,甲公司分别从乙公司领取分红款各 26 万元,合计 104 万元。根据补充协议约定,在案涉股权回购有效且回购条件成就的情况下,截至 2015 年 7 月 19 日,甲公司应获得的股权回购价款为本金 2 200 万元、利息 626 万元。

随后,甲公司就此事提起诉讼,要求乙公司及其股东共同支付股权回购款本金 2 200 万元及利息。

二、裁判结果及理由[①]

本案的争议焦点如下:第一,补充协议中关于未达上市目标,乙公司对甲公司承担补偿责任的对赌条款是否有效;第二,案涉对赌协议是否具备履行可能性。一审判决驳回甲公司的诉讼请求,二审判决维持原判决,再审判决撤销一审、二审判决。

(一)一审、二审裁判

首先,《公司法》第一百四十二条对于四种法定情形外公司不得收购本公司股份作出了明确规定。案涉补充协议关于约定情形下公司应以现金形式按约定计算方法回购股权的约定不符合上述法定情形,违反了上述禁止性规定;其次,该约定实际是让甲公司作为股东在不具备法定回购股权的情形以及不需要经过法定程序的情况下,直接由公司支付对价而抛出股权,使股东可以脱离公司经营业绩、不承担公司经营风险而即当然获得约定收益,损害了公司、公司其他股东和公司债权人的权益,与《公司法》第二十条资本维持、法人独立财产原则相悖。故该股权回购约定当属无效。

二审法院认为,甲公司诉讼请求要求判令乙公司及 11 位乙公司原股东共同回购甲公司持有的乙公司股份,一审法院认定约定的回购主体仅为乙公司。对此,相关法律和乙公司章程均明确公司不能从事该回购事宜,否则明显有悖公司资本维持这一基本原则和法律有关规定,故一审认定回购约定无效依据充

---

① (2019)苏民再 62 号。

分,遂驳回上诉。

（二）再审裁判

第一,案涉对赌协议效力应认定有效。我国《公司法》并不禁止有限责任公司回购本公司股份,有限责任公司回购本公司股份不当然违反我国《公司法》的强制性规定。有限责任公司在履行法定程序后回购本公司股份,不会损害公司股东及债权人利益,亦不会构成对公司资本维持原则的违反。案涉对赌协议中关于股份回购的条款内容,是当事人特别设立的保护投资人利益的条款,属于缔约过程中当事人对投资合作商业风险的安排,系各方当事人的真实意思表示。股份回购条款约定的股份回购价款虽为相对固定收益,但约定的年回报率为8%,与同期企业融资成本相比并不明显过高,不存在脱离目标公司正常经营下所应负担的经营成本及所能获得的经营业绩的企业正常经营规律。甲公司、乙公司及乙公司全体股东关于甲公司上述投资收益的约定,不违反国家法律、行政法规的禁止性规定,不存在《中华人民共和国合同法》第五十二条规定的合同无效的情形,亦不属于合同法所规定的格式合同或者格式条款,不存在显失公平的问题。

第二,案涉对赌协议具备履行可能性。《公司法》原则上禁止股份有限公司回购本公司股份,但同时亦规定了例外情形,即符合例外情形的,《公司法》允许股份有限公司回购本公司股份。本案中,乙公司章程亦对回购本公司股份的例外情形作出了类似的规定,并经股东一致表决同意,该规定对乙公司及全体股东均有法律上的约束力。乙公司履行法定程序,支付股份回购款项,并不违反公司法的强制性规定,亦不会损害公司股东及债权人的利益。《公司法》亦未禁止公司回购股东对资本公积金享有的份额。案涉对赌协议无论是针对列入注册资本的注资部分,还是列入资本公积金的注资部分的回购约定,均具备法律上的履行可能。

乙公司在投资方注资后，其资产得以增长，而且在事实上持续对股东分红，其债务承担能力相较于投资方注资之前得到明显提高。乙公司在持续正常经营，参考甲公司在乙公司所占股权比例及乙公司历年分红情况，案涉对赌协议约定的股份回购款项的支付不会导致乙公司资产的减损，亦不会损害乙公司对其他债务人的清偿能力，不会因该义务的履行构成对其他债权人债权实现的障碍。案涉对赌协议约定的股份回购条款具备事实上的履行可能。

三、法理与争鸣

（一）对赌协议的效力

1. 学界和实务中的不同观点

关于投资方与目标公司股东签订的对赌协议的效力问题，无论是司法实践中还是理论上，都承认了该对赌协议的效力。争议较大的地方在于当目标公司直接与投资方签订对赌协议时，该协议是否能被认定为有效。在"甘肃世恒案"[①]中，法院认为目标公司与投资方直接签订对赌协议将导致公司股东会无视公司盈亏情况而取得固定的收益，此举损害了公司债权人的利益、破坏了公司资本维持原则，所以对赌协议应该被认定为无效。通过此判决，外界从中解读出"与股东对赌有效，与公司对赌无效"的裁判经验。该经验也被各法院所参照，成为普遍的"裁判准则"。但随着司法实务的发展，这样的观点已经开始出现变化，上述案例针对几乎相同的案情，就作出了截然不同的判决结论，本案再审判决认为目标公司直接参与对赌，承担相应的补偿责任，并不会损害公司债权人利益，不会破坏资本维持原则，因此对赌协议应被认定为有效。

2019 年 12 月，最高人民法院发布《全国法院民商事审判工作会议纪要》，其第 5 条对目标公司参与对赌的合同效力问题作出新的指导[②]，即只要对赌协

---

① （2012）民提字第 11 号。

② 投资方与目标公司订立的"对赌协议"在不存在法定无效事由的情况下，目标公司仅以存在股权回购或者金钱补偿约定为由，主张"对赌协议"无效的，人民法院不予支持。

议在签订过程中不存在法定无效事由，那么不能仅仅以股权回购或者现金补偿损害债权人利益为由主张合同无效，事实上就进一步认可了"与目标公司对赌有效"这样的裁判经验。

2. 认定对赌协议有效的理论基础

《全国法院民商事审判工作会议纪要》公布后，将对赌协议认定为有效成为新的裁判思路，而这样的思路也更加具备理论基础，符合民法理论中的区分原则。所谓区分原则，是指应该将负担行为（债权行为）与处分行为（物权行为）进行区分，二者是互相分离且独立的法律行为。前者只是确立债权债务关系，后者才导致物权上的变动。[①] 我国法律中也处处体现着区分原则，例如2012年《最高人民法院关于审理买卖合同纠纷案件适用法律问题的解释》第三条[②] 的规定，在买卖合同中，即使出卖方没有标的物的处分权，当事人双方订立的买卖合同的效力也不受影响。如果合同订立之后发现出卖方没有处分权，则买受人可以基于有效的合同来对出卖方主张违约责任。在目标公司与投资方签订的对赌协议中，区分原则同样也可以适用。对于该合同来说，双方对业绩目标与补偿责任的约定属于债权行为，构成了一种基础的债权债务关系。而当目标公司未达到业绩，需要履行补偿责任时，其补偿责任的履行会导致投资方和公司之间的资金状况发生实际变动，属于物权变动行为，是履行基础债权合同的合同履行行为，与合同效力已经不是同一概念。[③]

将对赌协议的合同效力与履行行为进行区分之后再去反思我国面对对赌协议纠纷时以效力认定为焦点的裁判进路，则会发现其存在一定的不合理性。补偿责任该如何履行，几乎所有的对赌协议中都未作明确规定，在此情况下，法

---

① 马俊驹, 余延满. 民法原论 [M]. 北京: 法律出版社, 2017: 298.

② 《最高人民法院关于审理买卖合同纠纷案件适用法律问题的解释》第三条: 当事人一方以出卖人在缔约时对标的物没有所有权或者处分权为由主张合同无效的, 人民法院不予支持。出卖人因未取得所有权或者处分权致使标的物所有权不能转移, 买受人要求出卖人承担违约责任或者要求解除合同并主张损害赔偿的, 人民法院应予支持。

③ 潘林. 重新认识"合同"与"公司"——基于"对赌协议"类案的中美比较研究 [J]. 中外法学, 2017 (1): 250-267.

院以对赌协议的结果去反推对赌协议的效力是否具有合法性实际上在逻辑上是难以成立的。[①]事实上,对赌协议中约定的条款和事后使得物权发生变动的补偿责任履行过程中,都存在损害债权人利益、破坏资本维持原则的情形,只不过需要分别考虑。如果对赌协议条款中出现了明显违反法律规定的条款,按照此条款进行某些行为必然会对债权人利益造成破坏,那么对赌协议就应该直接从效力上进行否定。而通过之前的论述,我国多数对赌纠纷都是目标公司作为补偿主体,在履行补偿责任时可能会触及公司的资本管制,进而损害债权人利益而产生的。此时就不应该从效力上对其进行否定,而是应该考虑履行行为的可行性。

3. 对赌协议的效力判定

在明确了要区分对赌协议的效力与合同履行后,我们需要审视,实践中目标公司与投资方签订的对赌协议是否存在《民法典》中规定的无效情形。

首先,对赌协议满足合同成立的积极要件。在对赌签订过程中,目标公司为了获取投资方的资金注入,自愿地接受相关业绩目标或上市目标的规定。而投资方因为对赌协议的存在,其前期高额的成本投入也有了保障。在整个对赌协议签订的过程中,双方都是自愿制订相关业绩目标和补偿责任的条款。合同当事人签订合同,即表示合同主体愿意接受合同约定的权利义务的束缚。[②]所以对赌协议的签订过程是在完全平等的条件下进行的。双方主体适格、签订合同,是真实意思表示,满足合同成立的积极要件。

其次,对赌协议并不违反风险共担,并不违反社会公序良俗。在商业活动中,风险和收益是同时存在的,对投资方来说同样如此,双方同样存在风险和收益的可能。在商事投资领域,法律是允许当事人在自愿的前提下作出任何风险分担的安排。[③]同时,双方约定的对赌协议,完全是为了在平等公正的基础上,

① 华忆昕. 对赌协议之性质及效力分析——以《合同法》与《公司法》为视角 [J]. 福州大学学报:哲学社会科学版, 2015(1):91-97.

② 卡尔·拉伦茨. 德国民法通论 [M]. 王晓晔,邵建东,徐国建,等译. 北京:法律出版社,2003:196.

③ 季境. "对赌协议"的认识误区修正与法律适用 [J]. 人民司法, 2014(10):15-19.

获取各自的合法利益,即使履行补偿责任,也只是正常的合同履约行为,并不会涉及公序良俗的违背。

最后,对赌协议不违反其他法律、法规的强制性规定。在司法实践中,部分案例认定对赌协议无效,援引的是《合同法》第五十二条中的规定。认为对赌协议违反了《公司法》中的资本维持原则,但是通过上述对区分原则的论述后,合同的履行条件成就与否,并不能决定合同效力问题。合同效力是否违反强制性规定实则应先以《民法典(合同编)》中有关规定的效力判断为基础,而需将《公司法》的强制性规定置于合同履行环节。①

综上所述,如果将合同效力与合同履行进行区分判断,那么对赌协议在签订之后,如果没有法定违法事由,那么应该认定为是有效的。

(二)对赌协议的履行

按照合同效力与合同履行区分的裁判进路,法院一旦作出合同有效的判定,那么随之而来的就是补偿责任的履行问题。补偿责任的履行客观上会造成公司资产的变动,特别是对于对赌失败且当下资产状况不佳的目标公司。

1. 债权人利益保护与资本维持原则

在有关对赌协议的裁判中无论如何论证,其核心目的都是探索如何裁判才能有效地保障公司的资本维持原则。公司资本维持原则是公司法理论中资本三原则的核心,是指公司在存续过程中,至少需经常维持相当于资本额之财产。以具体财产充实抽象之资本,故又称资本充实原则。资本维持原则的存在是为了确保公司能够正常经营,保护债权人的利益。在实践中,目标公司与投资方的补偿责任的约定不够细致,都只是约定了补偿的金额,并没有约定具体的责任履行方式。目标公司对赌失败,大多是企业公司经营不佳,公司现存账户上没有太多可用资金,而需要补偿的金额往往又非常高昂。在这种情况下,如果没有一个较好的履行方式,那么履行行为必然会导致公司资本的破坏,让原本

---

① 李安安,范鑫. 公司实质参与对赌协议的合法性解构:合同自由与公司规制 [J]. 中国矿业大学学报:社会科学版,2020(1):51-68.

已经经营困难的公司雪上加霜,甚至直接导致公司的破产。这就会引发对债权人利益和公司资本维持原则的破坏,造成了新的利益不平衡。为了避免这种情况发生,法院在认可了目标公司对赌失败应该履行补偿责任的同时,就应进一步注重履行可行性的分析,让目标公司以合理的方式履行补偿责任,保护债权人利益,平衡各方利益。

2. 对赌协议可履行性的判断

《全国法院民商事审判工作会议纪要》分别针对对赌协议中的股权回购和现金补偿作出了规范。

第一,股权回购的可履行性。《全国法院民商事审判工作会议纪要》认为只有符合了履行减资程序,不存在抽逃出资情形的,才能确认该补偿责任具有可履行性。该思路将减资程序的履行放归到公司权力机构的判断中,不再由法院主观推断决定,从某种程度来说确实能更好地保护债权人的利益。但是这种思路仍旧存在问题,排除掉股东可能的抽逃出资行为,那么履行可行性的分析全部集中在是否履行了减资程序上。根据对赌协议纠纷案件的内容来看,对赌协议中股权回购实质要求的是"实质减资"。在法定注册资本制度下,减资的含义是只减少公司的注册资本。我国注册制改革虽然放松了法定资本制下的资本规制,然而认缴制只是工商登记的事项由实收资本变为认缴的注册资本,仍然秉持着法定资本制"资本一次性全部发行"的原则,未能突破法定资本制的藩篱。[①] 这就会造成一个矛盾,即法律中所要求的完成减资程序,只不过是将注册资本减少,而对赌协议不仅要求目标公司减少注册资本,还要求实质资金的返还。一旦目标公司遵循程序完成了注册资本的减少,那么原告的股权回购请求就应该得到支持。但是如果支持这种股权回购,目标公司就只得在公司现有的利润或者资产中完成支付,伴随着公司净资产的减少。如果这种支付数额过大导致公司偿债能力的丧失,债权人的利益同样还是会遭到损害。"完成减资程序"的原有目的是保护债权人利益,不过在这整个的操作过程中,减资程

---

① 卢宁. 刍议公司资本形成制度的改革与发展——以"认缴制"的定性为起点 [J]. 法学论坛,2017(3):118.

序并没有发挥实际作用。

第二,现金补偿的可履行性。《全国法院民商事审判工作会议纪要》要求不得违背关于抽逃出资和利润分配的规定。[①]根据我国公司关于利润分配中对利润的规定,未分配利润为弥补亏损、提取法定公积金与任意公积金后的剩余利润。也就是说,在完成了一系列弥补亏损、提取公积金之后,目标公司就要以全部的剩余利润来保证现金补偿责任的履行。维持公司运营能力的不是公司的注册资本,而是公司的实际资产。如果公司当年的实际利润全部用于进行现金补偿,甚至是当年的实际利润仍旧不足以完成全部的现金补偿责任,可能导致的后果就是公司账面无可用的现金及资产,导致公司现金流断裂,公司运营困难,那债权人的利益同样无法得到保护。《全国法院民商事审判工作会议纪要》之所以会作出这样的规定,主要还是来源于对"资本信用"的迷恋,认为只要保证公司注册资本的完整,公司债权人利益就不会受到破坏。但事实上公司发展需要注册资本之外的现金流,这些现金流很多都来自公司的盈余利润。如果将这些盈余利润全部用来进行现金补偿,必然会影响公司接下来的运营,甚至导致公司负债进一步增加。所以,《全国法院民商事审判工作会议纪要》中关于现金补偿的规定,也未对债权人利益进行应有的保护。

3. 借鉴"合法可利用之资金"的思路

"合法可利用之资金"是投融资双方在对赌协议形成过程中约定的某项条款,目的在于避免目标公司一次性履行该补偿责任可能造成的公司偿债能力下降和公司持续运营能力的丧失。"合法可利用资金"就是目标公司在保证运营能力的前提下,能够给予投资方的最大额度的补偿金。如果公司当年"合法可利用之资金"不足以全部承担其补偿责任,则在之后任何公司具备"合法可利用之资金"时,都要优先承担起补偿责任,直到履行完毕为止。在 Thoughtworks 案中,身为投资方对目标公司的"合法可利用资金"估值为 6 000 万美元到 1.1

[①] 《全国法院民商事审判工作会议纪要》(法〔2019〕254 号)第 5 条第 3 款:投资方请求目标公司承担金钱补偿义务的,人民法院应当依据《公司法》第三十五条关于"股东不得抽逃出资"和第一百六十六条关于利润分配的强制性规定进行审查。

亿美元之间，认为目标公司有能力一次性补偿 4 000 多万美元的补偿责任。而目标公司认为公司的"合法可利用资金"为每季度 50 万美元。如果按照此进度计算，还清 4 000 多万美元的补偿款需要持续数年的时间。双方在"合法可利用资金"的确定方面产生巨大争议，而法院的审理也是本着不得破坏公司资本管制，不得使公司丧失持续经营能力的原则对"合法可利用资金"进行判定。

事实上，对"合法可利用之资金"的判断就相当于履行行为是否具有事实上可行性的判断。如果法院最终支持投资方对于"合法可利用之资金"数额的判定，相当于认为目标公司一次履行完其补偿责任具备事实上的可履行性。反之，法院则要考虑如何使得目标公司持续地将其补偿责任履行完毕。

对"合法可利用资金"的判断方式，主要应该考虑以下内容：首先，公司溢余并不等同于公司的"合法可用之资金"。在美国 Thoughtworks 案中，投资方计算出的 6 000 万美元到 1.1 亿美元之间的估值为目标公司的溢余。但是对溢余的计算并不是公司当下的真实经济价值，而是通过数据计算而来。目标公司需要以现实的资产承担补偿责任，而不是账面上的数字。公司实际经济状况可能与通过公司计算出的溢余存在较大差异。[①] 如果公司实际资产价值远远低于通过公式计算出的溢余，那么按照溢余状况承担补偿责任，很有可能导致目标公司资产价值受到严重损害。这也就意味着，在判断目标公司是否具备可履行性的时候，法院不仅要调查公司的资产状况，还要避免停留于账面数字计算，进行深入实际调查。

其次，尊重目标公司对自身状况的判断。对一个公司状况最准确的判断还是来自公司内部。在美国 Thoughtworks 案中，法官极大地尊重了目标公司董事会对公司自身"合法可利用资金"的判断。认为如果投资方没有足够的证据推翻目标公司董事会的判断，那么董事会提供的"合法可利用之资金"就具备合理性。的确，如果由法院或者投资方主持目标公司"合法可利用资金"的判断，难免会因为对公司内部状况的了解不充分而作出不合理的判断。法院和投

---

① 刘燕. 对赌协议与公司法资本管制：美国实践及其启示 [J]. 环球法律评论，2016（3）：137-156.

资方要做的就是判断董事会在审查公司内部状况时是否存在欺骗行为,是否认真努力地完成自己的义务,得出的结论是否有足够的依据。如果在整个过程中董事会都"尽力而为",且投资方无法找出董事会行使不道德行为的证据,那么目标公司董事会的决策和判断就应该得到尊重。

通过以上论述,公司合法可利用之资金应当与公司清偿能力标准结合起来,只有在补偿责任的请求数额在"合法可利用之资金"涵盖的范畴之下,那么才可以视为该补偿责任具备履行可行性。如果我国能够借鉴 Thoughtworks 的履行可行性分析思路,无论是对股权回购还是现金补偿,都要求以目标公司现有的实际财务状况为检验标准,而不单单地以注册资本的维持来检验,那么便可以对债权人利益进行最大限度的保护。

第二节　认缴资本制下出资加速到期

一、出资加速到期纠纷

乙公司成立于 2015 年 3 月,公司注册资本 1 000 万元,由丙公司和郭某某两名股东共同出资成立,丙公司出资 700 万元,郭某某出资 300 万元,出资方式为货币,出资时间为 2015 年 3 月 3 日。2015 年 11 月 4 日,经乙公司股东会同意,丙公司将其持有的全部股权分别以 0 元转让给郭某某 300 万元、肖某某 400 万元,丙公司与郭某某、肖某某分别签订股权转让协议,郭某某、肖某某均以实缴 0 元的转让金取得乙公司的股权,同日,乙公司出具章程修正案,确认郭某某、肖某某为公司股东,出资额分别为 600 万元和 400 万元,出资时间为 2015 年 3 月 3 日。

本案起因于 2015 年 8 月 20 日,甲公司与乙公司达成口头合作意向,由甲公司对乙公司进行实际参股、控股。在双方未实际达成书面一致意见时,甲公司即通过银行转账的方式向乙公司支付 1 600 万元,乙公司在收到此款后,并未通知乙公司的股东郭某某、肖某某参与该事宜的洽谈,亦未实际就参股、控股的事宜在工商登记部门申请变更。此后,由于甲公司与乙公司未就参股、控股的事宜达成完全一致,甲公司要求乙公司将已付款 1 600 万元予以退还,乙公司已向甲公司退款 800 万元,余款 800 万元却未予退还。甲公司起诉要求乙公司返还相应款项,丙公司和股东郭某某、肖某某承担补充赔偿责任。

郭某某、肖某某辩称,认缴制下股东的出资形式、金额、期限均由公司章程规定,股东在章程规定的出资认缴期限届满之前没有足额出资并不违反法律规定,公司章程规定的股东出资期限未到期,不应承担补充赔偿责任。

二、裁判结果及理由 [①]

本案争议焦点在于郭某某、肖某某是否应对乙公司不能清偿的债务承担补充赔偿责任,郭某某、肖某某能否以章程约定的出资认缴期限未届满进行有效抗辩。一审法院判决郭某某、肖某某在其未出资本息范围内,对乙公司不能清偿第一项债务部分承担补充赔偿责任。二审法院撤销了一审判决。

(一)一审裁判

关于甲公司要求郭某某、肖某某共同承担补充赔偿责任,要求丙公司对郭某某、肖某某应承担的补充赔偿责任承担连带责任的请求,因郭某某和肖某某是乙公司现有股东,持有乙公司 100% 的股权,而丙公司和郭某某则是乙公司的发起人,丙公司、郭某某在进行工商登记注册时均未实际向乙公司进行出资,而丙公司在向肖某某进行股权转让时,肖某某亦未实际出资,根据《最高人民法院关于适用〈中华人民共和国公司法〉若干问题的规定(三)》第十三条"公司债权人请求未履行或者未全面履行出资义务的股东在未出资本息范围内对公司债务不能清偿的部分承担补充赔偿责任的,人民法院应予支持"和第十九条"有限责任公司的股东未履行或者未全面履行出资义务即转让股权,受让人对此知道或者应当知道,公司请求该股东履行出资义务、受让人对此承担连带责任的,人民法院应予支持;公司债权人依照本规定第十三条第二款向该股东提起诉讼,同时请求前述受让人对此承担连带责任的,人民法院应予支持"的规定,郭某某和肖某某未出资的行为应在规定的未出资本息范围内,对乙公司

---

① (2016)川 01 民终 9841 号。

的债务承担不能清偿部分的补充赔偿责任,而丙公司则因系乙公司的发起人对郭某某和肖某某应承担的补充赔偿责任承担连带责任。

对于郭某某、肖某某在诉讼中提出其公司章程规定的出资期限未到期,不应承担补充赔偿责任的意见,一审法院认为,公司发起人或股东在公司成立时如何认缴出资与股东何时实缴出资,是公司发起人及股东间的内部问题,公司章程记载的事项仅对公司股东具有约束力,并不对外发生法律效力。

郭某某、肖某某和丙公司在答辩中共同认为,乙公司尚在继续经营,甲公司向股东和发起人主张债权的请求不符合法律规定,郭某某、肖某某和丙公司在原审中均属不适格被告的意见,虽乙公司尚在继续经营,但由于其在债权人向其主张债权时,不能及时履行结清债务的义务,乙公司已具备《最高人民法院关于适用〈中华人民共和国公司法〉若干问题的规定(三)》第十三条中"公司债务不能清偿"条件,而关于"不能清偿"的定义在《最高人民法院关于适用〈中华人民共和国企业破产法〉若干问题的规定(一)》第二条"下列情形同时存在的,人民法院应当认定债务人不能清偿到期债务:(一)债权债务关系依法成立;(二)债务履行期限已经届满;(三)债务人未完全清偿债务"中有明确规定,由此,郭某某、肖某某和丙公司均应属原审适格被告,亦应承担相应责任。

(二)二审裁判

2014年3月1日起开始施行的《中华人民共和国公司法》已经将原有的注册资本实缴登记制度变更为认缴登记制度,对于股东的认缴出资额、出资期限等事项均交由公司章程自行约定,公司法在原则上不再限制股东的出资事项。因此,股东在章程约定的出资认缴期限届满之前未缴纳出资的状态,符合法律规定,是一种合法状态。而《最高人民法院关于适用〈中华人民共和国公司法〉若干问题的规定(三)》第十三条当中所规定的"股东未履行或者未全面履行出资义务"的责任,是针对股东并未履行按期足额缴纳其认缴出资的违法状态,即适用该条司法解释的前提是股东的认缴期限已经届满且未足额缴纳认缴出资。公司债权人请求股东在未出资本息范围内对公司债务不能清偿的部分承担补充赔偿责任的前提,亦是股东处于未履行按期足额缴纳其认缴出资的违法状态,否则,公司债权人无权请求公司股东承担补充赔偿责任。

另外,如果公司资产对单个债权人已不具备清偿能力或可能丧失清偿能力,在公司存在其他债权人的情况下,如果赋予单个公司债权人请求公司股东提前履行出资义务的权利,实质上是允许了公司对单个债权人进行个别清偿,这势必会对其他公司债权人产生不利。因此,当公司资产已不具备清偿能力或可能丧失清偿能力的情况下,公司债权人没有申请启动破产程序径行请求股东出资义务加速到期,不符合法律规定。

本案中,郭某某、肖某某受让乙公司的股权,成为该公司新的股东,《章程修正案》确认郭某某、肖某某出资额分别为600万元和400万元,出资时间为2015年3月3日,在该认缴时间届满之前,郭某某与肖某某就各自的认缴出资额未缴纳出资,并不违反法律规定,甲公司作为乙公司的债权人,无权请求二人承担补充赔偿责任。郭某某、肖某某的该上诉请求成立,本院予以支持。

对于丙公司承担连带清偿责任的问题,亦与前述理由相同,即丙公司在认缴期限届满前转让股权的行为并不违反法律规定。虽然丙公司并未就此提出上诉请求,但根据《最高人民法院关于适用〈中华人民共和国民事诉讼法〉的解释》第三百二十三条"第二审人民法院应当围绕当事人的上诉请求进行审理。当事人没有提出请求的,不予审理,但一审判决违反法律禁止性规定,或者损害国家利益、社会公共利益、他人合法权益的除外"之规定,一审判决丙公司对郭某某、肖某某的补充赔偿责任承担连带清偿责任,有可能损害乙公司其他债权人的合法权益,本院一并予以纠正。

三、法理与争鸣

股东出资义务的存在是股东享有权利的基础,出资义务的履行关乎着每一个公司的存亡,同时也关乎着每一个债权人的利益。2013年《公司法》资本制度改革,允许股东自行约定交纳出资的金额、期限,于是出现了较长期限的章程规定。在非破产状态下,当公司财产不足以偿付对外债务,而股东的出资期限又未界至时,应否使股东的出资义务加速到期呢? 围绕该问题,学界和实务界展开了激烈的争论。

(一)否定股东出资义务加速到期的观点

该学说认为除非股东约定的出资期限已经届满,否则即使公司对外已经不能清偿到期债务,股东仍然能够以出资期限尚未到期为由,拒绝履行补充赔偿的义务。持此观点的学者们认为《公司法》的改革赋予了股东通过章程来约定出资期限的权利,如果通过出资义务加速到期制度否定股东们的期限利益,这样是对股东正当权利的一种侵害。其主要理由有以下四点。

1. 我国现行法律并没有为股东出资义务的加速到期提供法律依据[①]

企业根据《破产法》第三十五条的规定:"人民法院受理破产申请后,债务人的出资人尚未完全履行出资义务的,管理人应当要求该出资人缴纳所认缴的出资,而不受出资期限的限制",可以很明确地看出,只有当公司在遭遇破产的情形下股东的出资义务才会被加速到期,在其他的场合下法律并没有给股东附加这样一个出资义务加速到期的责任。因此,剥夺股东出资期限的利益于法无据。如果擅自侵犯股东的出资期限利益,不仅对社会的经济发展有弊无利,更是对法律规定的漠视、对股东权利的侵害。

2. 风险自担规则[②]为否定说提供了理论依据

根据《中华人民共和国公司登记管理条例》以及国务院的相关规定,股东在章程中约定的有关出资金额以及期限的具体内容需要通过网络化的形式公示出来,债权人在了解章程中所规定的股东认缴出资期限的相关信息的情况下,仍然愿意同该公司进行经济往来,就有责任去承担自己的决策所带来的风险,而不能要求股东们去承担一个加速到期的义务。如果债权人在事前尚未积极地履行自己的义务去了解该公司股东的出资期限情况,导致了后来自己的债

---

① 李霖. 非破产情形下有限公司股东出资义务不应加速到期 [J]. 人民法院报,2016 (6):67.

② 黄立嵘. 论美国侵权法"行为人自担风险"规则——兼论我国侵权责任原则的完善 [J]. 中国社会科学院研究生院学报, 2014 (6):81-85.

权得不到实现,这种情况下债权人本身也是存在过错的,所以该过错导致的不利后果也应该由债权人自己来承担,而不能将这种不利后果转嫁给股东,包括债权人在内的第三人负有尊重股东期限利益的消极义务。①

3. 通过否认公司法人人格或启动破产程序来解决

有些公司试图以小博大,利用较少资本计划经营高风险高收益的商事活动,利用公司的独立人格和有限责任尽可能地降低投资风险,并将这些投资风险嫁接给公司的债权人,使自己的利益获得最大化。②对于这样的公司,股东们明显就是在利用公司法人的独立人格来为自己谋取不正当的利益,因此债权人可以向法院申请否认公司的法人人格来维护自己的利益。除此之外,《破产法》的规定也很好地为债权人维护自身利益提供了一个合法的途径。在一个公司出现资不抵债不能偿还债权人债务的情形下,公司基本也应是符合破产法所明确的破产要求的,此时债权人向法院申请债务人破产,一般都会得到法院的支持,一旦进入破产程序,股东的出资期限利益自然就不复存在了,债权人最初索取债务的目的也能够得到实现。③

4. 股东出资义务加速到期的本质即一种个别清偿行为④

由于单个债权人的个别追偿行为违背了我国《破产法》的原则,所以加速到期制度的存在与《破产法》是背道而驰的。上文中已然提到丧失清偿能力的公司很可能进入破产程序,如果此时股东对单个债权人履行了补充赔偿的义务,那么其他债权人的利益该如何保障?我国破产清偿率本来就比较低,加速到期制度的存在表面上来看是保护了债权人的利益,从长远来看,其损害的是更多的债权人乃至全体债权人的共同利益。

① 罗培新. 论资本制度改革背景下股东出资法律制度之完善 [J]. 法学评论, 2016(4):142.

② 朱慈蕴. 公司法人格否认法理研究 [M]. 北京:法律出版社, 1998:144.

③ 林晓镍,韩天岚,何伟. 公司资本制度改革下股东出资义务的司法认定 [J]. 法律适用, 2014(12):67.

④ 赵旭东. 公司法学 [M]. 北京:高等教育出版社, 2014:197-198.

（二）支持股东出资义务加速到期的观点

支持该学说的学者们认为虽然股东在公司章程中规定了出资期限,但是一旦公司的资本不足以偿付外债的话,即使规定的出资期限尚未届满,股东也会就此丧失出资的期限利益,需要对公司的债务承担补偿赔偿责任。其主要理由有以下四点。

1. 公司章程的内部性

《公司法》第十一条规定:"设立公司必须依法制定公司章程。公司章程对公司、股东、董事、监事、高级管理人员具有约束力。"由此可知公司章程对外部是没有约束力的,股东们在章程中所作出的关于履行期限的规定对于债权人来说是没有约束力的,一旦公司面临资不抵债的情况,股东们有义务缴清出资以清偿对债权人的债务。

2. 股东出资义务的加速到期是一个高效、便捷、双赢的解决办法

股东出资义务的加速到期究其本质而言,股东损失的只是期限利益,股东自身对于债权人是存在补偿赔偿的责任的,这个理论的目的只是提前了股东的赔偿责任,并没有在经济上加重这个责任。所以,股东出资义务的加速到期对于股东而言损失并不是太大。但是如果法官不能够支持股东出资义务的加速到期,显然无法保障债权人的利益,此时债权人为了避免损失必然会根据《破产法》第三十五条的规定,向法院申请让该公司进入破产程序。因为公司一旦被宣告破产,股东的期限利益自然就会丧失,债权人就能够得到补偿。但是如果公司被宣告破产,对于股东来说,其损失的就不仅仅是期限利益那么简单了,可能一个原本可以扭亏为盈的公司就会消失,股东将会遭受重大的经济利益的损失。[①] 所以为了避免在制度上逼迫债权人提出破产的申请给股东带来更大的损失,支持股东出资义务的加速到期显然是一个更好的办法。这样债权人的利益得到了保障,股东受到的损失也最小化了,对于促进我国市场经济的发展更是有利无害。

---

① 王国瑞. 认缴制下股东出资义务加速到期研究 [D]. 武汉:华中师范大学,2017:10-17.

3. 资本担保责任论 ①

《公司法》第三条第一款中明确规定:"公司以其全部财产对公司的债务承担责任",表明了公司资本是对债权人利益的一种保障,而股东认缴的出资无疑就是公司资本的组成部分。因此,当公司现有财产资不抵债之时,股东所认缴的出资也应当被加速,这是资本担保功能的必然要求。② 即股东所认缴的出资其实可被看成一种对于公司的担保责任,当公司不能够清偿到期债务时,股东应当对债权人承担补充赔偿责任。

4. 预防股东机会主义行为

适用股东出资义务加速到期制度可以有效降低债权人的付出成本,提高效率,如果不能够在非破产的情形下适用出资义务加速到期制度,那么债权人就必须通过破产途径来挽回自己所遭受到的损失,而破产程序的实施则需要漫长的时间,债务人很可能会在此期间内设法架空公司,将公司的资本转移到其他地方去。一旦发生这种情况,债权人的利益将会遭受到难以弥补的侵害,然而股东出资义务加速到期制度能够帮助债权人杜绝可能面临的此种窘境,对于这种不合法的行为杜绝为其提供生长的土壤,这也是对股东出资期限利益的负外部效应的有力矫正。

（三）折中观点

持此观点的学者们认为,股东出资义务应该遵循《公司法》的修改目的,一般而言是不能轻易加速到期的。但是,在司法实务中,这些学者又发现了在一些特殊的情况下,由于债权人的利益孤立无援,相比股东而言得不到法律对等的保护,因此承认股东出资义务的加速到期就成了应然的选择。支持折中说的学者所认为的特殊情形有两种。

---

① 冯果,南玉梅. 论股东补充赔偿责任及发起人的资本充实责任——以公司法司法解释（三）第 13 条的解释和适用为中心 [J]. 人民司法（应用）, 2016（4）: 34.

② 赵树文. 股东出资加速到期司法适用问题研究——以"上海香通国际贸易有限公司诉上海昊跃投资管理有限公司等"一案为研究样本 [J]. 法律适用（司法案例）, 2017（22）: 33.

1. 经营困难说

如果一个公司即将面临破产,在公司破产之后债权人根据《破产法》第三十五条的规定自然是可以要求股东们承担补充责任。但是如果债权人真的要等到破产之后才能申请股东们承担补充责任的话,债权人的利益肯定会受到相当的损害。所以如果一个公司的破产难以避免,在破产即将到来之前,加速股东的出资义务也未尝不可,此时股东的期限利益因为时间过短可以忽略不计。

2. 债权人区分说①

在此学说下,将债权人分为两种:非自愿债权人和自愿债权人。非自愿债权人指的是与公司产生债权债务关系并不是出于自愿,比如产品责任的侵权受害人。由于债权债务关系的建立出乎债权人的意料,因此非自愿债权人在此之前无法了解公司的经营、信用及出资期限等情况,所以非自愿债权人就不需要尊重公司章程中所规定的关于出资期限的约定。而对于自愿债权人而言,其为了自身利益应当提前做好调查,对公司的经营、信用及出资期限等情况进行充分的了解,由此自愿债权人是在了解了股东出资期限的情况下和公司进行商业往来的,因此自愿债权人就有义务去尊重该公司的股东们关于出资期限的约定。

(四)最高人民法院的态度

针对理论界的争议和司法实务中众多的同案不同判的情形,最高人民法院于 2019 年发布的《全国法院民商事审判工作会议纪要》第 6 条规定,在注册资本认缴制下,股东依法享有期限利益。债权人以公司不能清偿到期债务为由,请求未届出资期限的股东在未出资范围内对公司不能清偿的债务承担补充赔偿责任的,人民法院不予支持。但是,下列情形除外:第一,公司作为被执行人的案件,人民法院穷尽执行措施无财产可供执行,已具备破产原因,但不申请破产的;第二,在公司债务产生后,公司股东(大)会决议或以其他方式延长股东出资期限的。可见,最高人民法院采纳了否定说的观点,并对其略加改造,规定了

---

① 岳卫峰. 公司非自愿债权人的法律保护 [J]. 法律适用,2012(6):47-50.

两种例外情形。其实,第一种情形实质上已经属于破产情形下的出资义务的履行问题了,根据《破产法》的规定,人民法院受理破产申请后,债务人的出资人尚未完全履行出资义务的,管理人应当要求该出资人缴纳所认缴的出资,而不受出资期限的限制。第二种情形属于股东通过延长出资期限,恶意逃避债务。

最高人民法院之所以采纳否定说的观点,可能主要是因为目前没有支持出资义务加速到期的法律依据。至于风险自担理论以及将公司法人人格否认制度作为替代性方法的理论,都不足以支持否定说的观点。

第三节　抽逃出资

一、抽逃出资纠纷

丙公司原股东为 A、B,注册资本为 138 万美元。2006 年 3 月 16 日,A、B 与甲公司签订了丙公司增资扩股协议书;同日,制订了丙公司章程修改案。根据上述增资扩股协议书和丙公司章程修改案,甲公司以相当于 316.739 3 万美元的人民币出资,占丙公司注册资本的 69.65%。2006 年 5 月 12 日,A 所在地区商务局作出批复,同意丙公司增加新投资方甲公司和增资扩股方案。2006 年 6 月 9 日,甲公司向丙公司开立的验资账户注入资金 2 545 万元(折合 316.739 3 万美元)。辰会计师事务所对新增资本进行审验,于 2006 年 6 月 12 日形成验资报告,验资报告于 2006 年 6 月 13 日签字、盖章。在验资报告签字、盖章之前,上述 2 545 万元资金已于 2006 年 6 月 12 日通过银行转到甲公司账户。2006 年 6 月 22 日,丙公司向工商行政管理局提交变更申请,工商行政管理局于同日作出核准,并向丙公司颁发了新的企业法人营业执照。

甲公司主张增资扩股补充协议书中约定,丙公司向甲公司定向增发股本 2 545 万元,在增资扩股的同时,偿付丙公司欠甲公司的债务 2 545 万元。经查,上述补充协议并未在工商等相关部门进行备案。

C 支行、D 公司、E 公司、F 商业大厦、G 公司、E 公司、甲公司分别于 2004 年 3 月 30 日签订抵债协议书,于 2004 年 6 月 23 日签订抵债资产处置协议书,约定由甲公司购买 C 支行对 43 家企业的债权,其中包括 C 支行对丙公司的债权。丙公司出具债权转让确认函,确认其欠 C 支行贷款本金 2 545 万元,并同意 C 支行将上述债权转让给甲公司。

某市中级人民法院在卯公司与丙公司买卖合同纠纷一案中,认为丙公司的股东甲公司有抽逃出资行为,裁定追加甲公司为被执行人。甲公司不服,向该中级人民法院提出异议,主张不应被追加为被执行人,理由如下。本案的事实是丙公司偿还甲公司欠款,而非甲公司抽逃注册资金。在成为丙公司的股东之前,甲公司与丙公司之间已存在 2 545 万元债权债务关系。丙公司全体股东与甲公司签订的增资扩股补充协议书中明确约定丙公司向甲公司定向增发股本 2 545 万元,在增资扩股的同时,偿付甲公司债务 2 545 万元。2006 年 6 月 12 日丙公司转给甲公司的款项是该公司按照协议约定和董事会决议偿还债务的行为。一审法院驳回甲公司的异议。甲公司向该省高级人民法院提出复议申请,被驳回后,又向最高人民法院提出申诉。

二、裁判结果及理由①

本案争议焦点在于:甲公司将注册资本汇入丙公司账户并通过会计师事务所验资后、工商变更登记完成前,又作为债权人,接受丙公司以该注册资金偿还在先债务的行为是否构成抽逃出资。一审、二审法院认为甲公司的行为构成抽逃出资,再审法院认定不构成抽逃出资。

(一)一审、二审裁判

根据《公司法司法解释(三)》第十二条第(一)项的规定,"将出资款项转入公司账户验资后又转出"即为股东抽逃出资的情形。本案中,甲公司于 2006 年 6 月 9 日向丙公司注入资金 2 545 万元(折合 316.739 3 万美元),在辰会计师事务所进行审验后、工商登记变更之前,上述款项又于 2006 年 6 月 12 日转入甲公司账户,应认定其为抽逃出资的行为。

---

① (2014)执申字第 9 号。

（二）再审裁判

第一，甲公司对丙公司存在合法的在先债权。抽逃出资一般是指不存在合法真实的债权债务关系，而将出资转出的行为。而本案中，对于甲公司在2004年即通过债权受让的方式取得对于丙公司债权的事实，两级法院与各方当事人并无分歧。

第二，未损害丙公司及相关权利人的合法权益。法律之所以禁止抽逃出资行为，是因为该行为非法减少了公司的责任财产，降低了公司的偿债能力，不仅损害了公司与其他股东的权益，更损害了公司债权人等相关权利人的权益。而本案并不存在这种情况，甲公司对于丙公司享有债权在先，投入注册资金在后。在整个增资扩股并偿还债务过程中，甲公司除了把自己的债权变成了投资权益之外，没有从丙公司拿走任何财产，也未变更丙公司的责任财产与偿债能力。

第三，不违反相关司法解释的规定。《公司法司法解释（三）》第十二条具体规定了抽逃出资的构成要件，可以作为执行程序中认定是否构成抽逃注册资金的参照。该条文规定的要件有两个，一个是形式要件，具体表现为该条罗列的"将出资款转入公司账户验资后又转出""通过虚构债权债务关系将其出资转出"等各种具体情形。另一个则是实质要件，即"损害公司权益"。本案虽然符合了该法条规定的形式要件，但是如上所述，实质要件难以认定。所以无法按照上述两个条文的规定认定甲公司构成抽逃注册资金，在执行程序中追加甲公司为被执行人的证据不足。

三、法理与争鸣

2013年的公司资本制度改革时，取消法定最低注册资本额的限制，实行注册资本认缴制，抽逃出资已无存在的必要，因为股东可以随意约定出资的数额和期限。《中华人民共和国刑法》也随之废除了抽逃出资等资本犯罪对认缴登记制公司的适用。公司法领域有学者主张以"侵占公司财产"替代"抽逃出资"，认为只有这样才能真正切断股东出资与公司独立财产之间的联系，才能

"真正确立公司法人的独立地位"①。理论界与实务界在不同层面围绕"抽逃出资"产生了诸多争议。

（一）抽逃出资的界定

因立法没有界定"抽逃出资"的概念，学术界形成了以下较有代表性的观点：①股东抽逃出资，指在公司成立后，股东非经法定程序，从公司抽回相当于已缴纳出资数额的财产，同时继续持有公司股份②；②抽逃出资是未经公司同意，擅自取回股东的出资财产的侵权行为③；③抽逃出资是在公司设立后，股东将其设立公司时实际缴付的出资部分或全部地从公司收回的情形④；④抽逃出资是指股东在公司登记成立以后，采取各种方法暗地里或变相将其已经缴纳给公司的出资取回，从表面上看股东对公司的出资仍然处于持续状态⑤；⑤抽逃出资行为是指公司股东在公司成立时已出资，但在公司成立后将其所认缴的出资暗中抽回的情形⑥；⑥所谓抽逃出资，是股东在公司成立资本金投入之后，对于投入的出资，全部或部分抽回，但仍保持其股东身份和原有出资的比例的行为⑦。各种各样的定义的侧重点不同，大多数定义中含有以下几个要素：①行为发生在公司成立之后；②股东已经向公司出资；③股东直接或间接抽回全部或部分出资；④继续保持股东身份。

（二）禁止抽逃出资的原因

根据公司法原理，公司享有独立的财产权，即法人财产权，股东对公司"出资"后，这些"出资"的所有权归属公司。通过这种财产的区分，股东不对公司

---

① 樊云慧．从"抽逃出资"到"侵占公司财产"：一个概念的厘清——以公司注册资本登记制度改革为切入点 [J]．法商研究，2014（1）：108.

② 赵旭东．公司法学（第四版）[M]．北京：高等教育出版社，2015：200.

③ 刘俊海．公司法学 [M]．北京：北京大学出版社，2008：102.

④ 北京市第一中级人民法院民四庭．公司法审判实务与典型案例评析 [M]．北京：中国检察出版社，2006：105.

⑤ 张远堂．公司法实务指南 [M]．北京：中国法制出版社，2007：64.

⑥ 郑曙光．股东违反出资义务违法形态与民事责任研究 [J]．法学，2003（3）：63.

⑦ 曲天明，解鲁．股东实质性抽逃出资行为认定的裁判规则 [J]．法律适用，2018（4）：29.

债务直接承担责任,即股东承担的是有限责任,这意味着股东缴清的股款是公司具有独立清偿债务能力的基础。因此,公司债权人有理由预设股东已经足额缴纳了股本,且公司绝对不会将其出资返还给股东。当然,实际上股本可能会因为经营失败而亏损。

在 20 世纪 70 年代,以宽松为导向的资本制度改革席卷全球,很多国家降低法定注册资本,甚至取消法定资本的限制,修改传统资本管制中不适用当代商业模式发展的规则。虽然如此,资本对资合公司而言,依然是公司的创始运营资本和基本的信用指标之一。所以,无论是英美法体系还是大陆法体系,均借助资本维持原则禁止股东抽逃出资。

（三）抽逃出资的表现形式

《最高人民法院关于适用〈中华人民共和国公司法〉若干问题的规定(三)》以下简称《公司法司法解释(三)》第十二条规定了股东抽逃出资的情形,其中包括制作虚假财务会计报表虚增利润进行分配、通过虚构债权债务关系将其出资转出,以及利用关联交易将出资转出三种具体情形。

1. 以制作虚假财务会计报表虚增利润分配进行抽逃出资

该种情形属于股东违法分配利润从而变相转移公司资产的行为。违法分配利润包括两种情况:一种是虚增利润分配,通过修改财务记载,增加可分配利润金额,从而达到以分配利润之名行转移资产之实的目的;另一种则是无利润或利润不足而分配。根据公司法的规定,仅公司弥补亏损和提取公积金后所余税后利润才可以向股东分配,无利润或弥补亏损和提取公积金税后无利润而向股东分配利润,均属于此种情形。

2. 以虚构债权债务关系将其出资转出进行抽逃出资

虚构债权债务关系一般是以虚假交易或直接虚构借款等行为,以达到转移资产的目的。常见形式有虚构买卖关系支付货款乃至赔付违约金、虚构劳动关系支出劳动报酬、虚构股权投资关系支付股权投资款,伪装性更强的方式还有将实际资产转化为预付账款、进行长期股权投资等,以上行为均会造成公司资产的实际减少。

3. 利用关联交易将出资转出进行抽逃出资

关联交易本身并不被法律所禁止,仅在以转移或变相转移公司资产为目的进行关联交易的情形下,才被认定为非法。公司经营性交易应当适用公平交易规则与关联交易约束,避免在利益冲突的情形下损害公司的整体利益。① 例如在与关联交易方有串谋的情况下,低价出售或高价购买资产,或者出售资产、出借款项给无支付能力的关联交易方,以及为无支付能力的关联交易方提供借款担保,虽取得应收款但无法实现资金清收,此类行为将导致公司资产在形态转换中价值降低。

以上三种形式是在大量司法实践中总结出来的,使得股东抽逃出资行为的范围和边界比较清晰,自颁布以来,一直是法院审理抽逃出资案的主要法律依据。《公司法司法解释(三)》第十二条第(四)项的兜底条款规定了"其他未经法定程序将出资抽回的行为",以此弥补列举式的不足。然而,实践中,抽逃出资的形式多种多样,既有直接抽逃出资,也有以正常交易伪装的间接抽逃出资;既有账面上如实记载的抽逃出资,也有账面上不反映或者用虚假账目掩饰的抽逃出资;既有对股东的直接返还,也有通过对与股东有利益关联的第三方的支付而实现的曲线返还出资。抽逃出资对于公司资产负债表的影响可能体现为公司资产减少,也可能体现为公司负债增加。这些行为的共同特征是公司向股东无偿地或超过合理对价地转移财产或输送利益,导致公司资本或股本的减少,从而违反了资本维持原则。② 由于我国公司法没有对抽逃出资行为含义进行明确,类型化的规定无法涵盖或穷尽现实中各种各样的情况,因此,学界和实务界认为有必要建立实质性抽逃出资行为的认定规则。

(四)实质性抽逃出资的认定

上述三种形式应当称之为间接抽逃出资,最基本、最直接的抽逃出资的路

① 宋晓明,张勇健,杜军.《关于适用公司法若干问题的规定(三)》的理解与适用 [J]. 人民司法,2011(5):39.

② 刘燕. 重构"禁止抽逃出资"规则的公司法理基础 [J]. 中国法学,2015(4):192-193,198.

径,就是股东将其对公司的出资(实质上是相当于股本额的财产)又拿回去了,这也是原《公司法司法解释(三)》第十二条第(一)项规定的"出资款项转入公司账户验资后又转出的行为"。本案中,一审、二审法院认定甲公司的行为构成抽逃出资的依据即这一规定。2013年公司资本制度改革,将出资改为认缴出资后,第十二条第(一)项的规定被删除。但是,假如公司股东,依照公司章程关于缴付出资的约定,把股东的出资款项转入公司账户之后,又将该笔出资款在没有任何合理的理由私下转出,性质上仍然可以划归为抽逃出资的行为。从法律上讲,当股东将出资款汇入公司账户时,该笔款项就已经成了该公司的公司财产,根据资本维持原则,该款项非经法定程序不得撤回。并且,《公司法司法解释(三)》第十二条第(四)项的兜底条款"其他未经法定程序将出资抽回的行为"也可以涵盖此种情况。换言之,无论适用第十二条的第(一)项,还是第(四)项,甲公司的行为都符合抽逃出资的形式特征。然而,最高人民法院在再审中认为,甲公司的行为没有损害公司利益,不符合抽逃出资的实质要件,并且,甲公司与丙公司之间存在合法的债权债务关系,因而推翻了一审、二审法院的认定。虽然最高人民法院在本案中没有说明"没有给公司造成损害"的依据,但是最高人民法院的态度说明不应推定出资人的行为必然都是故意、直接地针对资本进行侵害,其中有些行为不会对公司资本造成损害,不属于抽逃出资。这一点与学界主张的实质性抽逃出资的本质相同。但是,何谓"给公司造成损害"？何谓实质性抽逃出资？实务界和学界均未达成一致。

1. 以"股本被侵蚀"为前提的认定规则[①]

有学者从资产负债表的结构原理出发,将抽逃出资的路径归纳为会计学上的两条路径:一是公司"资产"相应地减少;二是公司资产不变,但公司"负债"相应地增加。目前,学理上的界定方式往往只点到股东从公司抽回的财产与股东"出资额相当"的地步,未直接提出"所有者权益"中"股本被侵蚀"这个必要条件。鉴于此,建议对"抽逃出资"作如下定义:"抽逃出资是指在公司成立

---

① 刘燕. 重构"禁止抽逃出资"规则的公司法理基础 [J]. 中国法学,2015(4):192-193,198.

且股东缴付出资后,公司违反法律规定向股东返还出资,或者股东违反法律规定从公司无偿取得或超出合理对价取得利益并导致公司资本(或股本)减少的行为或交易。"至于股东抽回出资后继续保留股东身份,并非认定"抽逃出资"的必要条件,只要公司是从股本中向其返还出资额,不满足减资或回购的法定条件,即使抽逃出资股东不再保留股东身份,仍构成抽逃出资。

2. 以"出资实质抽回"为前提的认定规则[①]

抽逃出资是股东在公司成立资本金投入之后,对于投入的出资,全部或部分抽回,但仍保持其股东身份和原有出资比例的行为。具体而言,认定一个行为是否为抽逃出资,应当符合如下几个要件:第一,抽逃出资的时间点是公司成立和注册资本投入之后;第二,股东对其投入公司的出资有抽回的行为;第三,这种抽回行为未经法定程序,违反《公司法》的规定;第四,在抽回该出资后,股东在注册资本中所占的份额和出资金额并没有随之改变。

其实,这一观点得出的结论,也适用于第一种观点中的"资产负债表结构"分析法。以"股权被侵蚀"为前提的判断标准,更能深入抽逃出资行为的本质,能够比较准确地作出认定和判断,防止隐蔽、专业的抽逃出资成为"口袋罪"的现象。

第四节 股东除名

一、股东除名纠纷

2009年3月11日,甲公司成立,公司类型为有限责任公司,注册资本为100万元人民币,股东为宋某某、高某,宋某某担任执行董事,高某担任监事。2012年8月28日,甲公司召开股东会并通过新的公司章程,规定乙公司认缴9 900万元出资以增加公司注册资本并成为新股东,增资后的股东、出资情况及股权比例为宋某某60万元(0.6%)、高某40万元(0.4%)、乙公司9 900万元(99.9%),公司董事、监事不变。2012年9月14日,会计师事务所出具验资报

---

① 曲天明,解鲁. 股东实质性抽逃出资行为认定的裁判规则 [J]. 法律适用,2018(4):29.

告证明乙公司以货币出资方式实缴出资 9 900 万元。

2012 年 9 月 14 日，A 公司、B 公司、C 公司、D 公司、E 公司、F 公司 6 家公司汇入乙公司账户共计 9 900 万元。同日，乙公司将款项汇入甲公司账户，并完成验资。在验资后的第三天，9 900 万元出资款即从甲公司基本账户转入卯公司和辰公司，对于该两笔转账行为，乙公司未提供证据证明存在其他合理用途。在同一天，卯公司和辰公司又将相同金额的款项分别汇入 A 公司和 B 公司。

宋某某、高某认为乙公司的行为已构成抽逃出资。乙公司经甲公司催告后仍不返还，故甲公司通知乙公司召开临时股东会解除其股东资格。其中，会议表决情况：同意 2 票（宋某某、高某），占总股数 1%，占出席会议有效表决权的 100%；反对 1 票（乙公司），占总股数 99%，占出席会议有效表决权的 0%。乙公司代理人在会议记录中载明，乙公司不认可"占出席会议有效表决权的 100%"及"占出席会议有效表决权的 0%"的表述。2014 年 4 月 7 日，甲公司再次向乙公司发函，通知其股东资格已被解除。

由于乙公司对上述股东会决议不认可，故宋某某作为甲公司股东，诉至法院，请求确认甲公司 2014 年 3 月 25 日股东会决议有效。宋某某认为，乙公司抽逃出资，其对甲公司资本的贡献率为 0，故其对解除其股东资格的股东会审议事项不享有表决权。甲公司认为，系争股东会的审议事项即为解除乙公司股东资格，乙公司应当回避，其投票无效。

乙公司辩称，公司未抽逃出资。乙公司增资时，甲公司由案外人陈某实际控制，相应账目及甲公司往来款项均由其操作。而且，甲公司与卯公司及辰公司之间有多笔资金往来，原告认为上述两笔款项属于抽逃出资不合理。对于系争股东会决议，持股 99% 的股东对审议事项投反对票，根据《中华人民共和国公司法》的规定，该决议应当不通过。

二、裁判结果及理由 [①]

本案争议及焦点在于：拟被除名股东在系争股东会决议审议中是否享有表

---

① 一审：(2014)黄浦民二(商)初字第 589 号。二审：(2014)沪二中民四(商)终字第 1261 号。

59

决权,即拟被除名的股东是否应当回避。一审法院认为甲公司的除名股东会决议有效。首先,乙公司以认缴增资的形式成为甲公司的股东,依法享有相应的股东权利。其次,《公司法》第四十二条之规定及甲公司章程第十二条第二款之约定,均表明股东会会议由股东按照出资比例行使表决权。上述规定及约定中"出资"一词的含义,从文义上判断,在无特别说明的情况下,"出资"均应理解为认缴出资。再次,《公司法》及相关司法解释、甲公司章程均未规定或约定限制抽逃出资股东的表决权,甲公司亦未就此形成股东会决议。综上所述,即便乙公司作为股东违反出资义务,抽逃出资,其表决权并不因此受到限制,除乙公司股东资格的决议内容,未如实反映根据资本多数决原则形成的股东会意思表示,故驳回原告的诉讼请求。此外,一审法院认为,若宋某某或甲公司认为乙公司抽逃出资,可根据《最高人民法院关于适用〈中华人民共和国公司法〉若干问题的规定(三)》的相关规定,依法要求其返还出资本息,不必解除其股东资格。

二审法院撤销一审判决,确认公司除名决议有效。理由是:《公司法司法解释(三)》第十七条中规定的股东除名权是公司为消除不履行义务的股东对公司和其他股东所产生不利影响而享有的一种法定权能,是不以征求被除名股东的意思为前提和基础的。在特定情形下,股东除名决议作出时,会涉及被除名股东可能操纵表决权的情形。故当某一股东与股东会讨论的决议事项有特别利害关系时,该股东不得就其持有的股权行使表决权。本案系争除名决议已获除乙公司以外的其他股东一致表决同意系争决议内容,即以100%表决权同意并通过,故甲公司2014年3月25日作出的股东会决议应属有效。此外,乙公司股东资格被解除后,甲公司应当及时办理法定减资程序或者有其他股东或者第三人缴纳相应的出资。

三、法理与争鸣

我国《公司法》尚未确立股东除名制度,虽然《公司法司法解释(三)》第十七条之规定为股东除名的公司决议的正当性提供了司法裁判准则,但是除名事由过于单一,除名表决机制、被除名股东的救济机制、公司债权人的知情权等配套规定缺失,导致该条司法解释难以满足复杂司法实践的需要,本案便因为表决机制的缺失而产生的争议。

(一)股东除名的内涵及其制度价值

关于股东除名的概念,学界的界定并不统一,表述各异。有学者认为,股东除名制度指的是公司在出现特定情形时,依据相关的程序或规定,剥夺问题股东的权利,取消其股东资格,使其退出公司的一种制度。[①] 也有学者将其定义为:"股东在不履行股东义务,出现法律规定的情形下,公司依照法律规定的程序,将该股东从股东名册中删除,强制其退出公司,终止其与公司和其他股东的关系,绝对丧失其在公司的股东资格的法律制度。"[②] 这两种观点在表述上比较接近,对于股东除名的权利主体、事由、程序和法律后果等方面的内容在一定程度上达成共识。

有学者从四个方面论证了股东出除名制度的价值。①维护公司资本真实性。公司资本是公司的重要物质基础。当股东丧失出资能力或最终逃避出资义务,公司的资本将无法得到保障时,视为股东构成根本违约,公司可以解除与股东之间的合同,股东身份也随之消灭。②惩罚严重损害公司利益的股东。特定股东利用其股东身份所实施的行为,妨碍或严重影响到股东集体通过公司所达成的共同目的的情况下,公司就有运用其对成员的"惩罚权"的必要了。③维护公司的经济价值。当股东之间的信任关系恶化,出现公司僵局时,出于经济效果方面的考虑,应当慎用公司解散,而是参照国外立法采取其他措施,比如德国《商法典》中的股东除名制度。④实现公司治理自治。这意味着自治原则在有限责任公司制度中也应受到尊重。公司有权利在法律规定的范围内,对包括除名在内的某些事项通过章程作出规定。[③]

① 周昌发.认缴制下股东除名制度的立法完善——由一起具体案例引发的反思 [J].广西大学学报:哲学社会科学版,2018(4):111.

② 刘炳荣.论有限责任公司股东除名 [J].厦门大学法律评论,2004(8):426.

③ 李建伟.有限责任公司的股东除名制度研究 [J].法学评论,2015(2):76-78.

（二）股东除名的事由

1. 法定事由

根据《公司法司法解释（三）》之规定，股东除名的事由有两项："未履行出资义务"和"抽逃全部出资"。实践中，这两种法定事由很容易被规避，例如，只缴纳一小部分资本或抽逃绝大部分出资，就使股东除名制度成为一纸空文。除此之外，我国股东除名事由仅限于出资问题，未涉及股东违反忠实义务、滥用股东权利等内容。这就意味着出现法定事由外的其他严重影响公司或其他股东权益的情形，例如，即使股东违反公司章程、勾结他人侵占公司货款、泄露商业秘密、侵害公司利益，也可排除股东除名制度的适用。可见，法定事由的规定已经无法满足司法实践的需要，应当加以完善。借鉴德国、美国的做法，结合我国的公司实践，扩大法定事由的范围，增加违反竞业禁止义务、滥用股东权利等事由，并且兜底规定其他影响公司正常运营的行为。此外，还应当设定法定事由的判断标准，学界一般认为应当设定为"重大事由"。

2. 章程规定除名事由

由于我国法律未明确规定公司是否能够通过章程设定除名事由，故实务中对除名意定事由的效力存在支持和否定的分歧。基于有限责任公司高度自治的特征，公司对其内部事务享有自主决策、管理的权利，只要章程规定的内容不违反法律法规的强制性规定，符合法律的要求，就应当认定该内容有效。允许公司章程对除名事由作出细化安排，既满足了有限责任公司的自治要求，又能弥补法律规定的局限和漏洞。

（三）股东除名的程序

除名对股东而言是最严厉的惩罚措施。一旦被除名，股东与公司所有的关系即告终止，股东也因此失去其基于股东资格所享有的管理公司、分配利润等一系列权利，股东除名决议对拟被除名股东的切身利益影响重大，因此，不但要符合除名事由的要件，还需要有完备的除名程序，以保护"问题股东"的权益。《公司法司法解释（三）》中规定了公司在启动除名程序前应履行催告义务，但对于催告前置程序的具体行使方式和内容却未涉及。此外,对于股东会决议的表决程序、决议的生效程序等都缺乏规定,致使学界和实践中争议不断。其中争议最大的是股东会决议表决程序的问题。

1. 关于股东除名的多数决问题

关于股东除名的多数决,学界一般有三种观点:第一,资本绝对多数决,即经公司其他股东代表三分之二以上表决权即通过决议;[①] 第二,人头绝对多数决,即除拟被除名股东外,其他股东三分之二以上人数同意即通过除名决议;[②] 第三,双重多数决,即除名决议须同时经公司其他股东代表的表决权过半数和人数过半数同意即才可通过。[③] 其实,无论是资本决还是人头决,都存在一定缺陷,单独适用资本多数决规则容易被控股股东滥用以排斥小股东,而单独适用人头多数决又极易造成小股东联合排挤大股东的局面,在此可以借鉴《破产法》中和解协议和重整计划的债权人会议的表决规定,采取双重标准在更大程度上克服控股股东"独裁"或"少数人暴政"的弊端,从而确保除名决议的公正性。

2. 除名决议是否适用表决权排除规则

对上述问题,诸多学者表达了自己的观点并提出自己的意见。持否定观点的学者认为被除名股东无需回避,主要理由包括以下两点。第一,《公司法》第四十二条规定了"股东会会议由股东按出资比例行使表决权",而该出资比例应理解为"认缴出资"比例,在章程未对此作出不同约定的情况下,出资义务履行与否不能成为限制表决权行使的依据。第二,《公司法司法解释(三)》第十六条关于出资瑕疵股东的权利限制,指向的是股东自益权,而表决权虽属共益权但兼有保证自益权行使和实现之功能,依据权利义务一致性原则,公司可

---

① 赵磊. 公司自治的限度——以有限公司股东资格取得与丧失为视角 [J]. 法学杂志, 2014(10):89.

② 马艳丽. 有限责任公司股东除名规则构造论 [J]. 河北法学, 2016(11):153.

③ 李建伟. 有限责任公司的股东除名制度研究 [J]. 法学评论, 2015(2):81-82.

通过章程或决议予以限制,但不应直接否定其表决权的行使。①

持肯定观点的学者认为被除名股东应当回避,主要理由包括以下四点。第一,被除名股东与除名决议的利益冲突。在公司除名决议的表决程序中,被除名股东属于确切的利害关系人②,基于"任何人不得担任自己事务之法官"的程序正义理念,③被除名股东不应享有表决权。第二,确保股东除名制度的有效性。有学者从采用"实现法律规范本旨的目的限缩"方式填补法律漏洞④的角度出发,尤其是我国当前的有限责任公司普遍存在股东人数少、股权集中的现实状态,⑤学者认为司法实践中很容易出现被除名股东通过行使表决权操控除名决议的情况,导致除名制度形同虚设,因此除名决议中应当排除被除名股东的表决权。第三,权利义务相一致原则。从"股东完全未出资和抽逃全部出资"这一适用除名制度的限制条件出发,有学者认为股东的行为构成根本违约,不应享有表决权。另有学者从"权利能力"和"行为能力"角度出发,认为股东的"行为能力"以其是否实际缴纳了出资额以及实际缴付出资额的多寡为衡量标志,在股东根本未履行出资义务的情况下,如果允许其参与股东退出的表决,势必造成权利与义务机制的严重失衡。⑥第四,类似情况类似处理的法观念。《公司法》第十六条中公司为公司股东提供担保的规定排除了利益股东的表决权,该规定与股东除名均涉及利益股东的表决权,因此除名决议的表决可以类推适用第十六条之规定。对于类推适用第十六条之规定,陈克教授认为,第十六条涉及股东与公司之间的利益冲突,而股东除名涉及股东与股东之间的冲突,二者性质不同,故股东除名不适合类推适用十六条之规定。

---

① 陈克. 再论股东除名制度中的表决权限制——从填补法律漏洞视角下展开 [J]. 法律适用,2015(12):93.

② 郝磊. 公司股东除名制度适用中的法律问题研究 [J]. 法学论坛,2012(8):42.

③ 李红润. 股东除名规则的反思与重构 [J]. 天津法学,2016(3):73.

④ 陈克. 再论股东除名制度中的表决权限制——从填补法律漏洞视角下展开 [J]. 法律适用,2015(12):97.

⑤ 马艳丽. 有限责任公司股东除名规则构造论 [J]. 河北法学,2016(11):153.

⑥ 周建军. 股东除名之诉中先决问题的司法判断 [J]. 山东审判,2014(4):98-99.

其中支持该观点的部分学者还提出除名决议表决过程中,被除名股东虽然不享有表决权,但其有权参加或列席股东会议,应当享有申辩的权利,以保证除名决议的正当性。①

本案中,二审法院认为股东除名权是一种法定权能,为了避免大股东操控除名决议的情形,排除乙公司在股东会决议中的表决权,确认公司除名决议的效力,确保了除名规定在司法实践中的有效适用。被除名股东能否行使表决权对除名决议的表决结果存在不可忽视的影响,因此在除名制度的相关规定中应当对该问题进行明确规定。

---

① 吴德成. 论有限责任公司股东的除名 [J]. 西南民族大学学报:人文社科版,2005(9):104.

第三章

股权权利

第一节　新增资本优先认购权

一、新增资本优先认购权纠纷

甲公司于 2001 年 7 月成立。在 2003 年 12 月甲公司增资扩股前,公司的注册资金为 475.37 万元,其中蒋某某出资额 67.6 万元,出资比例 14.22%,为公司最大股东;丙公司出资额 27.6 万元,出资比例 5.81%。甲公司第一届董事长由蒋某某担任。

2003 年 12 月 5 日,甲公司发出召开股东代表大会的通知,开会时间定于 2003 年 12 月 16 日下午 4:00,议题如下:①吸纳陈某某为新股东;②公司内部股权转让;③甲公司的新股东代表、监事、会计提名等。2003 年 12 月 16 日下午,蒋某某、丙公司的委托代表常某某出席了股东会。这次股东代表会表决票反映,蒋某某对上述 3 项议题的第 2 项投了赞成票,对第 1 项和第 3 项投了反对票;丙公司的委托代表常某某对第 2 项和新会计的提名投了赞成票,其余内容投了反对票,并在意见栏中注明:应当按照《公司法》第三十九条第二款规定先就增加资本拿出具体框架方案,按公司原股东所占比重、所增资本占增资扩股后比重先进行讨论通过,再决定将来出资,要考虑原股东享有《公司法》规定的投资(出资)权利。除蒋某某、丙公司和投弃权票的 4 名股东未在会议纪要上签名外,其余股东均在会议纪要上签名。该纪要中记载:应到股东代表 23 人,实到 22 人,以记名方式投票表决形成决议;讨论了陈某某的入股协议,同意吸纳陈某某为新股东;同意甲公司内部股份转让(经表决 100% 同意)。纪要还记载了与陈某某合作方式的 6 点建议。此后蒋某某在甲公司的身份为监事。

2003 年 12 月 18 日,甲公司为甲方,陈某某为乙方签订了入股协议书,该协议主要记载:乙方同意甲方在原股本 475.37 万股的基础上,将总股本扩大至 1 090.75 万股,由此,甲方原股东所持股本 475.37 万股占总股本 1 090.75 万股的 43.6%;乙方出资 800 万元人民币以每股 1.3 元认购 615.38 万股,占总股本 1 090.75 万股的 56.4%;甲公司的注册资金相应变更为 1 090.75 万元;本协议签字 7 天内,乙方应将 800 万元人民币汇入甲方指定账号,款到 7 个工作日之内,甲方负责开始办理相关变更登记手续,税务等其他有关部门的变更登记手续于 1 个月内办妥。该协议还就董事会组成、抵押担保、财务管理、利润分配和盈亏分担等内容作了约定。2003 年 12 月 22 日,陈某某将 800 万元人民币股金汇入甲公司的指定账户。

2003 年 12 月 22 日,丙公司向甲公司递交了《关于要求作为甲公司增资扩股增资认缴人的报告》,主张蒋某某和丙公司享有优先认缴出资的权利,愿意在增资扩股方案的同等条件下,由丙公司与蒋某某共同或由其中一家向甲公司认缴新增资本 800 万元人民币的出资。

2003 年 12 月 25 日,甲公司变更后的章程记载:陈某某出资额 615.38 万元,出资比例 56.42%;蒋某某出资额 67.6 万元,出资比例 6.20%;丙公司出资额 27.6 万元,出资比例 2.53%。2003 年 12 月 26 日,丙公司向工商局递交了《请就甲公司新增资本、增加新股东作不予变更登记的报告》。此后,陈某某以甲公司董事长的身份对公司进行经营管理。

2005 年 2 月 1 日,甲公司召开股东会形成决议,通过陈某某将 1 万股赠予乙公司的提案,丙公司和蒋某某参加会议,投弃权票。同年 3 月 1 日,陈某某将614.38 万股转让给乙公司。之后,陈某某以每股 1.2 元的价格收购了其他自然人股东的部分股份。

2005 年 12 月 12 日,蒋某某和丙公司向一审法院提起诉讼,请求确认甲公司股东会通过的吸纳陈某某为新股东的决议无效,确认甲公司和陈某某签订的入股协议书无效,确认其对 800 万元人民币新增资本优先认购,甲公司承担其相应损失。

二、裁判结果及理由 [①]

本案争议的焦点为丙公司和蒋某某对甲公司 2003 年新增的 615.38 万股股份,是否能够行使优先认购权。一审判决二人不享有优先认购权;二审判决

---

① 一审:(2006)绵民初字第 2 号。二审:(2006)川民终字第 515 号。再审:(2010)民提字第48 号。

二人享有优先认购权;再审判决撤销一审、二审判决,认定甲公司 2003 年 12 月 16 日作出的股东会决议部分有效,部分无效,但丙公司和蒋某某主张优先认购权的合理期间已过,不能行使优先认购权。

(一)一审裁判

关于甲公司 2003 年 12 月 16 日股东会通过的吸纳陈某某为新股东的决议的效力问题。根据《中华人民共和国公司法》第三十九条第二款(此处适用的是 1999 年修订版,以下简称 99《公司法》)关于"股东会对公司增加或者减少注册资本、分立、合并、解散或者变更公司形式作出决议,必须经代表三分之二以上表决权的股东通过"的规定,2003 年 12 月 16 日"吸纳陈某某为新股东"的决议中涉及甲公司增资扩股 800 万元和该 800 万元增资由陈某某认缴的内容已在股东会上经甲公司 75.49% 表决权的股东通过。因此"吸纳陈某某为新股东"的决议符合上述规定,该决议有效。

关于甲公司与陈某某于 2003 年 12 月 18 日签订的入股协议书的效力问题。该入股协议书的主体适格,意思表示真实,不违反法律或者社会公共利益,应为有效协议。

关于丙公司和蒋某某能否优先认缴甲公司 2003 年 12 月 16 日股东会通过新增的 800 万元资本。按照 99《公司法》第三十三条关于"股东按照出资比例分红。公司新增资本时,股东可以优先认购出资"的规定,蒋某某、丙公司作为甲公司的股东,对公司新增资本享有优先认购权利。但公司法对股东优先认购权的期间未作规定。2006 年 5 月 9 日起施行的《最高人民法院关于适用〈中华人民共和国公司法〉若干问题的规定(一)》第二条规定:"因公司法实施前有关民事行为或者事件发生纠纷起诉到人民法院的,如当时的法律法规和司法解释没有明确规定时,可以参照适用公司法的有关规定。"2005 年修订后的《中华人民共和国公司法》(以下简称新《公司法》)也未对股东优先认购权行使期间作规定,但新《公司法》第七十五条第一款规定"有下列情形之一的,对股东会该项决议投反对票的股东可以请求公司按照合理的价格收购其股权"、第二款规定"自股东会会议决议通过之日起六十日内,股东与公司不能达成收购协议的,股东可以自股东会会议决议通过之日起九十日内向人民法院提起诉讼"。该条虽然针对的是异议股东的股权回购请求权,但按照民法精神从对等的关系即公司向股东回购股份与股东向公司优先认缴出资看,后者也应当有一个合理的行使期间,以保障交易的安全和公平。从本案查明的事实看,丙公司和蒋某某在 2003 年 12 月 22 日就向甲公司主张优先认缴新增资本 800 万元,于 2005 年 12 月 12 日才提起诉讼,这期间,陈某某又将占出资比例 56.42% 的股份转让给乙公司,其个人又陆续与其他股东签订了股权转让协议,全部办理了变更登记,从 2003 年 12 月 25 日起至今担任了甲公司董事长,甲公司的戊项目前景也已明朗。因此丙公司和蒋某某在 2005 年 12 月 12 日才提起诉讼不合理。2003 年 12 月 16 日的股东会决议、入股协议书合法有效,丙公司和蒋某某主张优先认购权的合理期间已过,故其请求对 800 万元资本优先认购权并赔偿其损失,法院不予支持。

(二)二审裁判

根据 99《公司法》第三十三条关于"公司新增资本时,股东可以优先认缴出资"的规定以及甲公司章程中的相同约定,甲公司原股东蒋某某和丙公司享有该次增资的优先认购权。在股东会议上,蒋某某和丙公司对由陈某某认缴 800 万元增资股份并成为新股东的议题投反对票并签注"要考虑原股东享有公司法规定的投资(出资)权利"的意见,是其反对陈某某认缴新增资本成为股东,并认为公司应当考虑其作为原股东所享有的优先认购权,明确其不放弃优先认购权的意思表示。紧接着在同月 22 日和 26 日,蒋某某和丙公司又分别向甲公司递交了《关于要求作为甲公司增资扩股增资认缴人的报告》,向工商局递交了《请就甲公司新增资本、增加新股东作不予变更登记的报告》,进一步明确主张优先认购权。上述事实均表明丙公司和蒋某某从未放弃优先认购权。但是,甲公司在没有以恰当的方式征询蒋某某和丙公司的意见以明确其是否放弃优先认购权,也没有给予蒋某某和丙公司合理期限以行使优先认购权的情况下,即于同月 18 日与陈某某签订入股协议书,并于同月 25 日变更工商登记,将法定代表人变更成陈某某,将公司注册资本变更为 1 090. 75 万元,其中新增资本 615. 38 万元登记于陈某某名下。该系列行为侵犯了法律规定的蒋某某和丙公司在甲公司所享有的公司新增资本时的优先认购权,根据《中华人民共和国民法通则》(现已失效)第五十八条第一款第(五)项关于违反法律或者社会公共利益的民事行为无效的规定,股东会决议中关于由陈某某认缴新增资本 800 万元并由此成为甲公司股东的内容无效,甲公司和陈某某签订的入股协议书也相应无效。虽然本案所涉股东会决议经代表三分之二以上有表决权的股东投票通过,但公司原股东优先认缴新增出资的权利是原股东个体的法定权利,不能以股东会多数决的方式予以剥夺。故蒋某某和丙公司所提股东会议决议中关于吸收陈某某为股东的内容、入股协议书无效,其享有优先认缴甲公司 800 万元新增资本的上诉理由依法成立。

关于有限责任公司股东请求人民法院保护其认缴新增资本优先权的诉讼时效问题,现行法律无特别规定,应当适用《中华人民共和国民法通则》(现已失效)规定的两年普通诉讼时效。蒋某某和丙公司在 2003 年 12 月 22 日书面要求优先认缴新增资本 800 万元,至 2005 年 12 月 19 日提起诉讼,符合该法关于两年诉讼时效的规定,其所提应当优先认缴 800 万元新增资本的请求依法成立,二审法院予以支持。

(三)再审裁判

2003 年 12 月 16 日甲公司作出股东会决议时,现行公司法尚未实施,根据《最高人民法院关于适用〈中华人民共和国公司法〉若干问题的规定(一)》第二条的规定,当时的法律和司法解释没有明确规定的,可参照适用现行《公司法》的规定。99《公司法》第三十三条规定:"公司新增资本时,股东可以优先认缴出资。"根据现行公司法第三十五条的规定,公司新增资本时,股东的优先认购权应限于其实缴的出资比例。2003 年 12 月 16 日甲公司作出的股东会决议,在丙公司、蒋某某明确表示反对的情况下,未给予二位优先认缴出资的选择权,径行以股权多数决的方式通过了由非股东陈某某出资认购甲公司全部新增股份 615.38 万股的决议,侵犯了丙公司和蒋某某按照各自的出资比例优先认缴新增资本的权利,违反了上述法律规定。现行《公司法》第二十三条第一款规定:"公司股东会或者股东大会、董事会的决议内容违反法律、行政法规的无效。"根据上述规定,甲公司 2003 年 12 月 16 日股东会议通过的由陈某某出资 800 万元认购甲公司新增 615.38 万股股份的决议内容中,涉及新增股份中 14.22% 和 5.81% 的部分因分别侵犯了蒋某某和丙公司的优先认购权而归于无效,涉及新增股份中 79.97% 的部分因其他股东以同意或弃权的方式放弃行使优先认购权而发生法律效力。

2003 年 12 月 18 日甲公司与陈某某签订的入股协议书系甲公司与该公司以外的第三人签订的合同,应适用合同法的一般原则及相关法律规定认定其效力。虽然甲公司 2003 年 12 月 16 日作出的股东会决议部分无效,导致甲公司达成上述协议的意思存在瑕疵,但作为合同相对方的陈某某并无审查甲公司意思形成过程的义务,甲公司对外达成协议应受其表示行为的制约。入股协议书是甲公司与陈某某的一致意思表示,不违反国家禁止性法律规范,且没有证据证明双方恶意串通损害他人利益,应属有效。

虽然甲公司 2003 年 12 月 16 日股东会决议因侵犯了丙公司和蒋某某按照各自的出资比例优先认缴新增资本的权利而部分无效,但丙公司和蒋某某是否能够行使上述新增资本的优先认购权还需要考虑其是否恰当地主张了权利。股东优先认缴公司新增资本的权利属形成权,虽然现行法律没有明确规定该项权利的行使期限,但为维护交易安全和稳定经济秩序,该权利应当在一定合理期间内行使,并且由于这一权利的行使属于典型的商事行为,对于合理期间的认定应当比通常的民事行为更加严格。本案中丙公司和蒋某某在甲公司 2003 年 12 月 16 日召开股东会时已经知道其优先认购权受到侵害,且作出了要求行使优先认购权的意思表示,但并未及时采取诉讼等方式积极主张权利。在此后甲公司召开股东会、决议通过陈某某将部分股权赠与乙公司提案时,丙公司和蒋某某参加了会议,且未表示反对。丙公司和蒋某某在股权变动近两年后又提起诉讼,争议的股权价值已经发生了较大变化,此时允许其行使优先认购权将导致已趋稳定的法律关系遭到破坏,并极易产生显失公平的后果,故二审民事判决认定丙公司和蒋某某主张优先认购权的合理期间已过并无不妥。故本院对丙公司和蒋某某行使对甲公司新增资本优先认购权的请求不予支持。

三、法理与争鸣

(一)新股优先认购权的内涵及立法目的

新股优先认购权,是指公司原有股东享有的以确定的价格按照其持有的股份比例优先认购新股的权利。[①] 理解这个概念时需要澄清两个问题。第一,新股发行应当理解为公司为增加注册资本引入外部投资者或原有股东追加投资,包括股份公司和有限责任公司两种场合的增资行为。第二,优先认购权,指原有股东在认购新股时,相对于公司之外的第三人而言,有顺序上的先后差别。[②] 但是,股东有权选择是否认购新增资本,公司不能强制股东购买。

美国学者认为,确立新股优先认购权制度的目的在于保护公司股东的比例性利益,并能够有效地促使公司董事履行忠实勤勉义务。德国学者认为,确立新股优先认购权制度的目的在于维持股东在公司的比例性地位。我国有学者认为,确立新股优先认购权的目的在于贯彻股东平等原则。[③]

(二)新股优先权的权利属性

德国学者卡洛最早将新股优先认购权区分为抽象性新股优先认购权和具体性新股优先认购权。[④] 我国学者刘俊海教授对二者的内容进行了阐释:抽象性新股优先认购权是法律或公司章程基于股东的资格和地位赋予股东的一项权利,而具体性新股优先认购权是指享有抽象性新股优先认购权的股东依据公司机关(含股东大会或董事会)发行新股的决议而取得的优先请求公司按其持

---

① 李建伟. 公司法学 [M]. 北京:中国人民大学出版社,2014:161.
② 朱学鹏. 优先认购权制度的功能定位和比较法研究 [J]. 商,2014 (7):261.
③ 刘俊海. 现代公司法 [M]. 北京:法律出版社,2015:236.
④ 赖源河. 公司法问题研究 [M]. 台北:三民书局,1982:62.

股比例分配新股的权利。[①] 学界普遍认为具体性优先认购权是形成权。形成权是权利人得以自己一方的意思表示(如追认行为、授权行为、撤销行为、弃权行为)而使法律关系发生变化的权利。它的存在有一定的除斥期间,适用除斥期间的规定,即权利人在法律规定的期间不行使权利,其权利便归于无效。我国《公司法》第三十四条明确规定:"公司新增资本时,股东有权优先按照实缴的出资比例认缴出资。但是,全体股东约定不按照出资比例分取红利或者不按照出资比例优先认缴出资的除外。"即股东优先认缴出资的权利以及该权利的行使范围以实缴的出资比例为限,一旦超出该法定的范围则无所谓权利的存在。

(三)新股优先认购权的排除

公司发行新股或新增资本会对原有股东的股权利益产生稀释作用,直接导致了其股权比例的下降。因此,原有股东的利益保障是新股发行过程中不可忽视的问题。但是,公司发行新股的根本目的在于公司整体利益的实现,在特定情况下新股优先认购权的行使会对公司产生一些不利的影响,例如公司出于追求融资效率来不及等待原有股东行使新股优先认购权,或是公司需要引入战略投资者,或是第三方承诺以入股方式提供对公司发展至关重要的先进技术,这些情况下,公司利益的实现与原有股东比例性利益的实现产生矛盾。此时,如果侧重于保护股东利益,就会对公司发展产生严重的不利后果,因为并非公司的所有发展需求,原有股东都能一一提供。从另一个方面来看,公司如果错失重大的商业机会,很可能在今后的很长时间内上升空间有限,这也损害了原有股东的潜在利益,原有股东优先认购权的行使很可能成为"捡了芝麻,丢了西瓜"的短视之举。因此,出于公司发行新股根本目的的考虑,应当对原有股东的新股优先认购权进行合理的排除,以此来保障公司整体利益的实现。

我国现行的《公司法》并未规定新股优先认购权排除规则,目前来看,域外的许多国家都在公司法中规定了新股优先认购权的排除规则,根据排除方式的不同,主要分为三种类型:法定排除、章程排除、股东大会决议排除。法定排除

---

① 刘俊海. 股份有限公司股东权的保护 [M]. 北京:法律出版社,1997:118-119.

通常要法律明确列举排除的事由。关于章程排除,比如美国《标准公司法》将新股优先认购权定义为一种由公司章程约定而具体产生的权利。这意味着,由公司章程赋予股东新股优先认购权,章程中也可以规定关于新股优先认购权排除适用的具体规则。关于股东会决议排除,例如德国公司法中确立了具体的排除规则:①新股优先认购权的排除只能经由股东大会作出决议后开始进行,且该决议必须经过代表股权比例至少四分之三多数的股东同意;②在对新股优先认购权的排除决议案进行审议前,必须对外进行公告,方便通知到所有利益相关股东;③董事会需要向股东大会详细解释排除优先认购权具备正当性与合理性。①

由于我国公司法并没有规定优先购买权排除规则,本案中甲公司股东会决议未认可蒋某某、丙公司的优先认购申请,与优先认购权排除并非同一概念。从保护公司未来发展需要的角度来看,我国有必要设立优先购买权排除规则。

第二节　利润分配请求权

一、利润分配纠纷

甲公司(以下简称"甲厂")于 1998 年 2 月 18 日成立,其中李某某占股权 6.5%;至 2008 年 4 月 10 日,因股权转让变化,李某某占股权 7.12%,乙公司占股权 73.13%,吴某某担任乙公司法定代表人。自 1998 年甲厂转制以来,甲厂法定代表人共产生四次变更:1998.2.18—1999.11.21,赵某 1 担任酱油厂法定代表人;1999.11.22—2001.6.25,李某某担任酱油厂法定代表人;2001.6.26—2008.4.9,吴某某担任法定代表人;2008.4.10 开始,赵某 2 担任法定代表人。李某某任期结束后于 2001 年 6 月 26 日向吴某某移交了 2001 年 1—6 月份的会计账簿凭证及其他财务资料。甲厂在 1998—2006 年期间均处于盈利状态,李某某每年度均领取分红款,合共 313 100 元。1998—2001 年平均每年领取分红款 60 000 元以上,但从 2002 年其利润所得明显大幅下降,尤其是 2004 年和

---

① 胡晓静,杨代雄.德国商事公司法 [M].北京:法律出版社,2014:158.

2005 年,每年仅领取 5 500 元分红;甲厂自 2007 年至案件审理期间一直处于亏损状态,因此未进行利润分配。

李某某认为甲厂在 1998—2005 年期间存在未分配利润,因此以甲厂、乙公司、赵某 2 和吴某某为被告提起诉讼,请求甲厂对 1998—2005 年的未分配利润进行分红。审理期间,原审法院根据李某某的申请,依法委托丙公司对甲厂 1998 年至 2011 年 10 月 31 日李某某的应得分红进行审计,委托丁公司对甲厂进行评估。

经原审法院查明,2006 年至李某某起诉之日,甲厂没有提交证据证实有召开股东会。在李某某起诉之后,甲厂于 2011 年 6 月 19 日召开股东会,该次会议讨论了相关股权转让事宜,但未对公司的分红方案及李某某的股权收购问题进行讨论。一审法院根据丙公司的审计报告认为甲厂存在未分配利润,但是因为原审原告未能提交证据证实其向吴某某移交了 1998—2000 年的相关财务资料,故仅支持对 2001—2005 年的未分配利润按照李某某股权应占利润总额进行分红,总计 403 309. 72 元。

甲厂不服原审判决,提起上诉。甲厂认为一审判决所依据的审计报告存在数据录入错误、缺乏原始财务资料、利润计算错误等情形而缺乏客观性和严谨性,不足以作为一审判决的依据。并且甲厂认为利润分配应由董事会制订分配方案并经股东会决议通过,原审法院在没有利润分配方案的情况下以判决的形式强制公司向李某某进行分红,属于以司法权力干预公司章程的不当行为。甲厂在二审期间补充上诉意见认为,李某某领取了 1998—2005 年每年度的分红款,说明双方对 2006 年以前的利润分配情况是不存在分歧的,因此没有必要进行审计。

二、裁判结果及理由[①]

本案争议的焦点在于:第一,李某某请求甲厂对 1998—2005 年未分配利润进行分红是否合理;第二,法院在股东会未通过利润分配方案的情况下能否

---

① 一审:(2011)江海法民二初字第 171 号。二审:(2015)江中法民二终字第 154 号。

直接作出判决,要求甲厂对未分配的公司利润按照一定比例分配给股东是否合理。

(一)一审裁判

关于原告请求甲厂对 1998—2005 年未分配利润进行分红是否合理。一审法院认为,李某某提交的财务资料移交书,仅证明其向吴某某移交了 2001 年 1—6 月的会计账簿凭证及其他财务资料,没有提交证据证实其还向吴某某移交了 1998—2000 年的相关财务资料,且被甲厂因 1998—2000 年的财务资料是李某某单方提交的而不予认可。故李某某对于 1998—2000 年的财务资料承担举证不能的责任。甲厂并未提交 2001—2005 年的有关利润分配的董事会决议和股东会议记录,应承担举证不能的法律责任。根据《公司法》第一百七十六条,"公司弥补亏损和提取公积金后所余税后利润,有限责任公司依照本法第三十五条的规定分配;股份有限公司按照股东持有的股份比例分配,但股份有限公司章程规定不按持股比例分配的除外",甲厂应向李某某支付 2001—2005 年的未分配利润 403 309.72 元。

(二)二审裁判

根据《中华人民共和国公司法》第三十七条、第四十六条的规定,有限责任公司的公司利润分配须经公司董事会制订盈余分配方案并经公司股东会决议通过,公司是否分配利润以及分配多少是公司董事会、股东会决策事项,属于公司自治的范畴。法院无权直接代替公司作出经营判断或决策,在未经公司股东会决议情况下,法院不宜直接作出是否分配及分配多少的判决。本案中,甲厂在 1998—2005 年期间一直有对公司盈余进行分配,虽然从审计报告的情况来看,甲厂在 2001—2005 年期间存在未分配利润,但是公司有利润可供分配不代表公司一定要将该利润全部分配给股东,且在 2001—2005 年期间虽存在尚未分配利润,但在经过多年的经营后该利润是否还存在无法确定,而审计报告显示甲厂从 2006 年至今一直亏损。本案是公司盈余分配纠纷,决定分配利润的权利在于股东会,而不在于个别股东,现并无证据显示甲厂股东会对该期间尚未分配利润决定再行进行分配。因此李某某诉请对甲厂 1998—2005 年尚未分配的公司利润进行分配依据不足；原审法院径行判决甲厂向股东分配 1998—2005 年度未分配利润不符合法律规定。

三、法理与争鸣

本案涉及的法理问题主要是当公司存在未分配利润，但公司没有作出具体盈余分配决议或者制订象征性盈余分配或不分配盈余方案时，法院能否突破公司自治的界限，介入公司抽象盈余分配。

抽象意义上的盈余分配请求权，是指公司在每个会计年度进行决算，向股东进行盈余分配，股东可以接受盈余的抽象的权利。与此相对的是具体意义上的盈余分配请求权，是指公司股东会对有关盈余分配事项已经作出决定时，股东所享有的分配请求权。抽象盈余分配请求权与具体盈余分配请求权的性质是不同的。前者属于股权中的固有权利，属于股东的一种期待权利。超过合理的范围剥夺或限制该项权利，即使通过股东大会的多数决也是不允许的。而后者属于债权，属于盈余分派给付请求权。①

《最高人民法院关于适用〈中华人民共和国公司法〉若干问题的规定（四）》（简称《公司法司法解释（四）》）正式出台前，对于法院能否介入公司抽象盈余分配这一问题学术界存在争议，不同法院也有不同的做法。《公司法司法解释（四）》出台后，第十五条规定赋予了股东强制盈余分配请求权，股东滥用权利导致公司不分配利润，给其他股东造成损失的，法院可以强制公司向股东分配盈余，以维护中小股东的合法权益。但因为规定太过抽象，对于强制盈余分配之诉的具体适用条件、介入范围和举证责任等问题没有具体规定，实践中很难通过该条法律适用达到其维护中小股东利益的预期目的。

---

① 梁上上. 论股东强制盈余分配请求权——兼评"河南思维自动化设备有限公司与胡克盈余分配纠纷案"[J]. 现代法学，2015（2）：69.

（一）法院能否介入抽象盈余分配

1. 否定观点

否定的理由主要有：一是从公司自治角度来看，公司是否分配盈余以及按照什么比例分配盈余的问题属于公司商业判断的范畴，应当遵循商业判断规则，法官并不是商业领域的专家，介入公司盈余分配可能扰乱公司的经营策略，损害公司利益，因此法院应当严守公司自治原则；二是从相关法律规定来看，根据《公司法》第三十六条、第四十七条之规定，公司盈余分配必须经董事会提出方案，并经股东会批准；决定公司是否分配利润的决定权属于股东会，未经股东会决议，股东无法直接行使盈余分配请求权[①]；三是从其他替代性措施来看，股东可以基于股东诚信义务提起损害赔偿之诉，股东会决议无效、撤销之诉，股份强制回购之诉，司法解散之诉以及转让股权等救济措施。

2. 肯定观点

肯定的理由主要有以下三点。一是从公司自治原则和商事裁判规则的界限来看，公司自治和商事裁判并不意味着可以排除一切来自司法的干预。民法的一般原则为公司的自治权划定了边界，一旦公司的行为违背了禁止权力滥用原则、诚实信用原则和公平原则，该行为就会因不符合民法的基本原则而欠缺基本的合理性基础。[②]公司自治原则不能违背公司正义原则。公司不分配盈余不属于合理的商业判断，尤其是在公司不分配盈余本身成为大股东压榨小股东的手段时，就需要引入一定的司法干预。[③]二是从替代性救济措施来看，其他救济性措施在解决抽象盈余分配问题时均存在一定的缺陷。损害赔偿之诉的规定较为抽象，很难付诸实践；股东会决议无效、撤销之诉的前提是存在股东会决议，当公司不作出分配决议时，股东便无法根据这一规定保护自身权益；股份强制回购之诉要求公司连续五年未分配利润，公司作出决议象征性分配利润便可

① 陈颖．股东利润分配请求权纠纷之司法裁判困境与出路 [J]．人民司法·应用，2009（1）：81．

② 刘敏，王然．论股东盈余分配请求权的司法救济 [J]．社会科学研究，2015（3）：84，90．

③ 马胜军．司法可否介入公司股利的分配 [J]．法律适用，2013（8）：119-120．

以规避这一规定的适用;司法解散之诉、转让股权以及前述股份强制回购之诉均使得股东被迫退出公司,这与股东请求盈余分配的本意并不相符。三是从公司内部利益冲突来看,一般来说大股东有多种途径获得利益,而中小股东获得利益的唯一方式即为盈余分配;其二,大股东往往更加看重公司的资本积累和长远发展,而中小股东更加关心和希望公司利润向盈余分配倾斜。[1] 资本多数决原则下,大股东可以控制并利用公司的资源,他们往往希望资金留存于公司而不是分配给股东。因此,控制股东可能更倾向于不分配股利政策。[2]

在李某某盈余分配纠纷一案中,至 2008 年,乙公司以 73.13% 的股份比例成为公司控股股东,乙公司法定代表人吴某某于 2001—2008 年担任甲厂法定代表人。根据上述分析,乙公司和吴某某可能利用控股股东或董事的身份,在公司自治和商业判断的原则下对李某某等中小股东形成了压制,损害了中小股东的应得利益。但是本案于 2015 年 6 月 25 日作出终审判决时,《公司法司法解释(四)》尚未出台,因此二审法院从尊重公司自治的角度出发,作出不支持李某某诉讼请求的判决。若依照《公司法司法解释(四)》的规定分析本案,因甲厂可能存在股东滥用股东权利导致公司不分配利润的情形,法院在审理本案时,争议焦点应当是控股股东的行为是否构成滥用股东权利导致公司不分配利润。因此,李某某可以行使抽象盈余分配请求权要求甲厂向其分配利润。

(二)判定"滥用股东权利"的标准

大多数学者主张借鉴英美法中"合理期待"标准,即公司股东间相互负有的以真诚、公平、符合理性的方式营运公司的义务以及股东间、股东与公司间最初具有和后来建立起来的良好企盼和愿望。[3] 还有学者从利益受损股东和公司两个角度出发,一种观点认为判定股东行为是否构成股东权力滥用应以合理预期标准为主,辅之以信义义务标准,合理预期标准侧重的是中小股东的预期利

---

① 叶涛,李正昕. 有限责任公司股利分配的救济制度构建——以股利分配请求之诉为中心[J]. 企业经济,2015(3):165-166.

② 邱海洋. 公司利润分配法律制度研究 [M]. 北京:中国政法大学出版社,2004:46.

③ 杨署东. 合理期待原则下的美国股东权益救济制度及其启示 [J]. 法律科学,2012(2):122.

润是否受到客观的侵害,回答了"为什么控股股东的行为会构成压制"的问题;而信义义务标准则侧重于对控股股东行为的正当性进行审查,回答了"为什么压制行为被法律否定"的问题。①

(三)抽象盈余分配之诉中原被告双方举证责任的分配

公司尚有可分配利润是抽象盈余分配之诉的前提,考虑到中小股东因为受到董事或控股股东压制,中小股东提供的公司财务会计报告等资料的真实性和完整性难以保证,因此,为了便于法院查明案件事实,同时也为了避免中小股东再以股东知情权提起诉讼占用司法资源,由被告方对公司是否有盈余利润承担举证责任更为合理。对于控股股东主观是否存在恶意,有学者主张其应和公司是否存有盈余利润一样,由被告承担举证责任。也有学者持相反观点,认为控股股东的主观恶意应由原告承担举证责任,主要原因在于:可以避免原告滥用诉权,浪费司法资源;关于"恶意"的举证责任在原告一方,这是适用商事裁判规则的必然结果。②除此之外,原告仅需对自己的主体资格和穷尽内部救济方面承担举证责任。

(四)法院能否以判决形式直接确定具体公司盈余分配数额

有学者认为法院可以直接确定公司应当盈余分配的数额,主要理由是:确定可分配盈余额的实质是证据问题,可以根据证据规则加以确定。根据我国《公司法》《中华人民共和国会计法》等确立的会计准则,以及《中华人民共和国民事诉讼法》等确立的证据规则,法院是有能力进行干预的。③考虑到大股东对中小股东的压迫,避免控股股东通过象征性分配盈余再次损害中小股东的利益,法院必要时可以通过委托专业机构进行审计确定具体数额。④

---

① 范沁宁. 有限公司股东盈余分配请求权的司法救济研究 [J]. 商业研究,2018(4):175.

② 梁上上. 论股东强制盈余分配请求权——兼评"河南思维自动化设备有限公司与胡克盈余分配纠纷案"[J]. 现代法学,2015(2):77.

③ 梁上上. 论股东强制盈余分配请求权——兼评"河南思维自动化设备有限公司与胡克盈余分配纠纷案"[J]. 现代法学,2015(2):78.

④ 宋亦淼. 股东盈余分配请求权的司法救济研究 [J]. 河北青年管理干部学院学报,2016(6):85.

多数学者认为司法应当有限介入商业判断,仅支持法院在判决中根据某一或某些标准确定公司盈余分配的最低额、最高额和期限,盈余分配方案中的具体数额,应当由公司按照商业判断规则,考虑法院确定的计算标准、公司实际盈余数额、经营情况、市场趋势等多种因素确定。涉及盈余分配额度标准的确定,学者之间存在较大争议,并没有形成一个较为统一的结论,主要标准有:借鉴德国 4% 公司资本金的确定标准;借鉴我国证监会对于上市公司股息分红的规定;参照 1 年期的银行定期存贷款利率;参考第三方会计机构或其他中介机构的专业意见等。除此之外,有学者区分了抽象盈余分配的类型,提出"程序性干预优先于实质性干预;实质性干预遵循最低限度"原则。具体而言,对于公司未召开股东会通过盈余分配方案或者召开股东会但未形成盈余分配决议方案等不存在盈余分配决议的情形,法院首先应当责令公司通过盈余分配方案;对于公司股东会形成了盈余分配决议,但决议确定不分配盈余的情形,法院经审理可以作出决议无效或撤销的判决,同时法院可以结合具体情况拟定一个盈余分配最低标准,判令公司股东会限期重新作出盈余分配决议。[①]

第三节 股东知情权

一、股东知情权纠纷

甲公司是成立于 2003 年 10 月 15 日的从事房地产开发的有限责任公司。截至 2004 年 8 月 7 日,该公司的股东持股情况为:施某某 460 万元、王某某 250 万元、张某某 160 万元、孙某 65 万元、吴某 65 万元。2007 年 9 月 7 日,张某某将其持有的全部股份转让给李某某。

甲公司与乙公司于 2005 年 5 月 26 日签订《A 市 B 项目住宅工程建设工程施工合同》,乙公司派驻管理工程的项目经理为张某某。2009 年 2 月 18 日,乙公司以甲公司拖欠其 19 954 940.05 元工程款为由,向 A 市仲裁委员会提请裁决。

---

① 刘敏,王然.论股东盈余分配请求权的司法救济 [J].社会科学研究,2015(3):84,90.

2009 年 4 月 8 日,李某某、吴某、孙某、王某某向甲公司递交申请书,称:"申请人李某某、吴某、孙某、王某某作为甲公司股东,对公司经营现状一无所知。公司经营至今没有发过一次红利,并对外拖欠大量债务,使四申请人的股东权益受到了严重侵害。四申请人为了解公司实际情况,维护自己合法权益,现依据《中华人民共和国公司法》(以下简称《公司法》),依法行使股东对公司的知情权。现四申请人准备于 2009 年 4 月 23 日前,在公司住所地依据《公司法》的规定查阅或复制公司的所有资料(含公司所有会计账簿、原始凭证、契约、通信、传票、通知等),特对公司提出书面申请。望公司准备好所有资料,以书面形式答复四申请人的委托代理人方律师。申请人:王某某、孙某、吴某、张某某(代)。"

2009 年 4 月 20 日,甲公司函复四申请人:"本公司已于 2009 年 4 月 8 日收到……申请书以及授权委托书。对于申请书以及授权委托书中所述事项,因涉及较多法律问题,我公司已授权委托王律师、万律师,代表我公司依法予以处理。请你直接与律师联系。"

甲公司复函之前,2009 年 4 月 14 日,李某某、吴某、孙某、王某某诉至法院,并提出上述诉求。同日,法院受理该案。2009 年 4 月 27 日,法院向甲公司送达应诉材料。

二、裁判结果及理由[①]

本案争议的焦点在于:第一,四名股东提起知情权诉讼是否符合法律规定的前置条件;第二,四名股东要求行使知情权是否具有不正当目的;第三,四名股东主张行使知情权的范围是否符合法律规定。

(一)一审裁判

一审判决驳回股东的查阅请求,其理由如下:首先,根据《公司法》第三十四条的规定,除会计账簿及用于制作会计账簿的相关原始凭证之外,四名

---

① (2009)宿中民二中字第 319 号。

股东的诉讼请求已超出法律规定的股东行使知情权的范围;其次,根据《公司法》第三十四条第二款的规定,股东对公司会计账簿行使知情权的范围仅为查阅,且不能有不正当目的。但甲公司原股东张某某现为 B 项目工程承包人乙公司派驻管理工程的项目经理,因甲公司与乙公司之间涉及巨额工程款的仲裁案件未决,与甲公司之间存在重大利害关系。申请书和四名股东的民事起诉状及授权委托书上均有张某某签字,四名股东对此不能作出合理解释,证明张某某与本案知情权纠纷的发动具有直接的关联性,也证明四名股东在诉讼前后与张某某之间一直保持密切交往,其提起知情权诉讼程序不能排除受人利用,为公司的重大利害关系人刺探公司秘密,进而图谋自己或第三人的不正当利益的重大嫌疑。此外,《公司法》第三十四条第二款还规定股东提起知情权诉讼的前置程序,即股东必须有证据证明公司在其提出书面请求并说明目的后,公司明确拒绝其查询会计账簿,或在法定的期间内(十五日)未予答复,方能提起知情权诉讼。具体到本案,四原告在 2009 年 4 月 8 日递交公司申请书,但 2009 年 4 月 14 日四名股东即至法院起诉,期间仅六天时间,因此,四名股东的起诉不符合法定的前置要件。综上所述,四名股东要求行使知情权不仅超出法定范围,且其关于查阅会计账簿的起诉违反法定前置程序,同时甲公司有合理根据表明四名股东行使该权利可能损害公司合法利益,据此,驳回四名股东的诉讼请求。

(二)二审裁判

二审法院判决甲公司提供公司会计账簿(含总账、明细账、日记账、其他辅助性账簿)和会计凭证(含记账凭证、相关原始凭证及作为原始凭证附件入账备查的有关资料)供四名股东查阅。理由如下。

第一,四名股东提起知情权诉讼符合法律规定的前置条件。依据《公司法》第三十四条第二款,股东提起账簿查阅权诉讼的前置条件是股东向公司提出了查阅的书面请求且公司拒绝提供查阅。这一前置条件设定的目的在于既保障股东在其查阅权受侵犯时有相应的救济途径,也防止股东滥用诉权,维护公司正常的经营。本案中,四名股东于 2009 年 4 月 8 日向甲公司提出要求查阅或复制公司的所有资料(含公司会计账簿、原始凭证、契约、通信、传票、通知等)以了解公司实际财务状况的书面请求,虽然4月14日四名股东至一审法院起诉时甲公司尚未作出书面回复,但甲公司在4月20日的复函中并未对四名股东的申请事项予以准许,且在庭审答辩中亦明确表明拒绝四名股东查阅、复制申请书及诉状中所列明的各项资料。至此,四名股东有理由认为其查阅权受到侵犯进而寻求相应的法律救济途径,此时不宜再以四名股东起诉时十五天答复期未满而裁定驳回其起诉,而应对本案做出实体处理,以免增加当事人不必要的讼累。

第二,四名股东要求行使知情权并非具有不正当目的。虽然案中四名股东提交的申请书、诉状及授权委托书中均有张某某代李某某签名,而张某某的身份系乙公司派驻甲公司工程的项目经理,且直接参与了乙公司与甲公司的仲裁一案。但因李某某的股份系受让自张某某,故其临时委托张某某代为签名也在情理之中。其后李某某本人在诉状及授权委托书上亲自签名,表明提起知情权诉讼系其真实意思表示。张某某之前受李某某委托在诉状及授权委托书中代为签名,其法律效力及法律后果应由李某某承担,张某某本身不是本案主张行使知情权的主体,并非如甲公司所主张的系代替李某某行使知情权。最终能够实际行使知情权的也只能是甲公司股东李某某,而非张某某;且四名股东合计持有甲公司54%的股权,其与甲公司的利益从根本上是一致的。甲公司如在与乙公司仲裁一案中失利,客观上将对四名股东的股东收益权造成不利影响。且提起本案诉讼的系四名股东,而非李某某一名股东,甲公司仅以张某某代李某某签名,而认为四名股东提起本案诉讼的目的在于为其利益冲突方乙公司收集仲裁一案的不利证据,显然依据不足。据此,法院认为,《公司法》第三十四条规定的公司拒绝查阅权所保护的是公司的合法利益,而不是一切利益。基于诚实信用原则,案件当事人理应对法庭或仲裁庭如实陈述,并按法庭或仲裁庭要求提供自己掌握的真实证据,以拒不出示不利于己的证据为手段而获得不当利益为法律所禁止。如甲公司持有在仲裁一案中应当提供而未提供相关证据,则不能认定股东查阅公司账簿可能损害其合法利益。综上所述,股东知情权是股东固有的、法定的基础性权利,如无合理证据证明股东具有不正当目的,则不应限制其行使。

第三,四名股东主张行使知情权的范围不符合法律规定。四名股东请求查阅、复制被上诉人甲公司的会计账簿、议事录、契约书、通信、纳税申报书等(含会计原始凭证、传票、电传、书信、电话记录、电文等)所有公司资料,被上诉人甲公司辩称其已向四名股东提交了自公司成立起的全部工商设立、变更、年检登记文件及审计报告等资料,履行了配合股东行使知情权的法定义务。对此,法院认为,股东知情权是股东享有对公司经营管理等重要情况或信息真实了解和掌握的权利,是股东依法行使资产收益、参与重大决策和选择管理者等权利的基础性权利。从立法价值取向上看,其关键在于保护中小股东合法权益。《公司法》第三十四条第二款规定:"股东可以要求查阅公司会计账簿。"账簿查阅权是股东知情权的重要内容。股东对公司经营状况的知悉,最重要的内容之一就是通过查阅公司账簿了解公司财务状况。《中华人民共和国会计法》第九条规定:"各单位必须根据实际发生的经济业务事项进行会计核算,填制会计凭证,登记会计账簿,编制财务会计报告。"第十四条规定:"会计凭证包括原始凭证和记账凭证。办理本法第十条所列的各项经济业务事务,必须填制或者取得原始凭证并及时送交会计机构。……记账凭证应当根据经过审核的原始凭证及有关资料编制。"第十五条第一款规定:"会计账簿登记,必须以经过审核的会计凭证为依据,并符合有关法律、行政法规和国家统一的会计制度的规定。"因此,公司的具体经营活动只有通过查阅原始凭证才能知晓,不查阅原始凭证,中小股东可能无法准确了解公司真正的经营状况。根据会计准则,相关契约等有关资料也是编制记账凭证的依据,应当作为原始凭证的附件入账备查。据此,四名股东查阅权行使的范围应当包括会计账簿(含总账、明细账、日记账和其他辅助性账簿)和会计凭证(含记账凭证、相关原始凭证及作为原始凭证附件入账备查的有关资料)。对于四名股东要求查阅其他公司资料的诉请,因超出了

《公司法》第三十四条规定的股东行使知情权的查阅范围,不予支持。关于查阅时间和地点,公司法赋予股东知情权的目的和价值在于保障股东权利的充分行使,但这一权利的行使也应在权利平衡的机制下进行,即对于经营效率、经营秩序等公司权益未形成不利影响。因此,四名股东查阅的应当是和其欲知情的事项相互关联的材料,而并非对公司财务的全面审计,故查阅应当在公司正常的业务时间内且不超过十个工作日,查阅的方便地点应在甲公司。关于四名股东要求复制被上诉人甲公司会计账簿及其他公司资料的诉讼请求,法院认为,公司法赋予了股东获知公司运营状况、经营信息的权利,但同时也规定了股东行使知情权的范围,《公司法》第三十四条第一款将股东有权复制的文件限定于公司章程、股东会会议记录、董事会会议决议、监事会会议决议和财务会计报告,第二款仅规定股东可以要求查阅公司财务会计账簿,但并未规定可以复制,而甲公司章程亦无相关规定,因此四名股东要求复制甲公司会计账簿及其他公司资料的诉讼请求既无法律上的规定,又超出了公司章程的约定,不予支持。

三、法理与争鸣

股东知情权产生于现代公司的所有权与控制权相分离的模式之下,目的在于使不参与公司日常经营管理的股东能够知悉公司相关经营和财务信息,为在股东大会上作出决定提供依据,并监督公司的经营管理层,防止管理层出现"道德风险"。股东知情权既是手段性权利,又是固有权利,是股东实现其他权利的前提与基础,不能通过股东大会或股东协议加以限制或排除。然而,公司为股东提供查阅服务时需要付出管理成本,并且很多公司信息涉及商业秘密。因此,在股东行使知情权时,通常会在股东与公司之间产生激烈争议。

(一)股东知情权查阅范围的争议

为了维护公司的利益,股东知情权被设置了诸多限制,其中查阅对象的范围即众多限制中的一项。关于股东有权查阅公司哪些经营管理信息的问题,在《公司法司法解释(四)》出台之前的十多年间,理论界与司法实践中的争论非常激烈,产生了各种各样的观点,大致可以归纳概括为狭义说、广义说和折中说三种。

第一，狭义说。这种观点主张股东的查阅范围仅限于会计账簿，不能查阅会计凭证，也就是，仅限于《公司法》第三十三条规定的公司章程、股东会会议记录、董事会会议决议、监事会会议决议、财务会计报告、会计账簿。该观点的理由有两个。第一，不能突破现行立法的规定。2005 年《公司法》第三十三条采取了列举式的立法规定，仅规定了财务账簿，并未涉及会计凭证。立法对股东能否查阅会计凭证的问题相当谨慎。[1] 第二，从审计立法的角度，分析了"审计"与"查账"的含义，认为股东的查账权仅限会计账簿，不包括会计凭证。[2] 遵循狭义说的判决也以公司法第三十三条仅规定了会计账簿，而会计账簿中不包括会计凭证为由，不支持股东查阅会计账簿的请求。

第二，广义说。持这种观点的人主张，除了《公司法》规定的股东有权查阅的文件之外，公司的其他相关信息也在查阅范围之内。有学者建议司法实践将原始凭证囊括到股东查阅权的范围之内。[3] 也有学者主张所有反映公司财务状况的会计账簿及相关的各种会计资料均应在查阅范围之内，包括原始凭证、发票、合同书、纳税申报表等。[4] 另有学者说："在查阅原始会计凭证的问题上，从利益衡量与司法政策选择的角度出发，我们更倾向于尽力支持的做法，唯此才能为股东提供更实质性的保护，也更符合查阅之诉的立法本意。"[5] 还有学者主张，股东的查阅范围应该包括制作会计账簿的原始凭证，如会计原始凭证、发票、传票、合同书、纳税申报书、电传、书信、电话记录、电文。[6] 甚至还有学者认

---

[1]　杨路 . 股东知情权若干问题研究 [J]. 法律适用，2007（4）：12.

[2]　陈群峰 . 股东查账权若干问题探析 [J]. 法学杂志，2007（6）：153.

[3]　詹巍，杨密密 . 公司越权担保效力之理论与实证分析 [J]. 金融法苑，2011（2）：34.

[4]　王晓艳，王艳华 . 有限公司股东查阅权之查阅对象的实证分析与法律重构——以《公司法》第 34 条之扩张解释为中心 [C]// 探索社会主义司法规律与完善民商事法律制度研究——全国法院第 23 届学术讨论会获奖论文集（下），2011；褚红军 . 公司基本制度与相关诉讼原理 [M]. 北京：人民法院出版社，2007：1318-1319.

[5]　李建伟 . 股东知情权诉讼研究 [J]. 中国法学，2013（2）：100.

[6]　刘向林 . 股东账簿查阅权适用法律的若干问题研究 [J]. 时代法学，2006（5）：61.

为，原则上公司的所有信息都应当属于股东查阅的范围。① 坚持股东知情权的范围应当包括会计凭证的观点占了绝大多数。司法实践也有众多判例与广义说的主张一致。广义说的主要理由是，股东仅查阅会计账簿虽然可以了解一定的会计信息，但是，如果会计账簿有虚假情形的，就很难掌握真实的公司经营及管理信息了，那么股东查阅权也就形同虚设。而目前在我国的公司实践中，会计账簿造假的现象屡见不鲜。因为会计凭证是编制会计账簿的基础与依据，且不容易造假，能够反映会计账簿的真实内容。因此，在这种现实情形下，固守《公司法》第三十四条所列举的查阅范围，不对"会计账簿"作扩大解释，不把会计凭证纳入到会计账簿的范围，股东就无法了解真实的公司经营信息，也就无法形成对管理层的真正监督。

第三，折中说。该学说与广义说的观点一样，也支持股东的查阅权范围应当扩张到原始凭证，但是，对某些涉及公司商业秘密的信息不允许查阅。比如对于有商业秘密保留条款的合同，如果允许查阅，就有可能影响公司的安全运营。② 就折中说的观点而言，其可以视为是一种有限制的广义说。

从上述三种学说的内容来看，无论是狭义说，还是广义说，抑或是折中说，均力图为股东有权查阅的公司信息划定一个明确的范围。狭义说划定的查阅权的范围是《公司法》第三十三条的明确规定，广义说确定的范围除了公司法规定的内容之外，依据学者的观点不同，最大的范围可扩展到所有的公司信息，最小的范围可达会计凭证，而折中说也将查阅范围延伸到会计凭证，但是，仅限于不涉及商业秘密的信息。就三种学说确定的股东知情权的范围可以看出，三者均是从权利客体的角度出发，在权衡股东利益与公司利益的基础上，或大或小地圈定股东知情权的范围。狭义说更多地站在保护公司经营自主权及商业秘密的立场上，维护公司法明确规定的查阅对象的范围；广义说则对股东利益倾注了更多关注，扩张了公司法规定的查阅对象的范围；折中说似乎要在两者之间寻求一种平衡。这种从权利客体的角度划定知情权范围的思路，一直是公

---

① 张平. 有限责任公司股东查阅权对象的界定与完善 [J]. 法学杂志，2011（4）：48.

② 罗杰. 股东知情权范围浅析 [J]. 法治研究，2012（6）：59-60.

司法学界与司法实践中的习惯思路。

当然,遵循这种习惯思路划定的查阅权的范围清晰明确,实践容易操作。然而,按照这一逻辑思维划定的范围,也存在一定问题,不能在股东知情权与公司经营权之间建立合理的平衡。第一,就目前的公司实践中账簿造假现象屡见不鲜的情况来看,狭义说严格遵循《公司法》第三十四条列举的范围,无法充分实现保护股东知情权的目的。第二,广义说的观点认为,股东有权查阅所有公司信息,对查阅范围划定过于宽泛,对股东利益过于保护,忽视公司的独立经营权,不利于公司利益的保护。认为可以查阅原始会计凭证的主张也不够全面,因为实践中可能存在用原始凭证也无法确定信息是否真实,需要更进一步的信息佐证的情形。第三,折中说的观点以是否涉及商业秘密为标准划定查阅范围,也有不妥之处,因为很多公司信息都涉及商业秘密。依此观点限定查阅权的范围,股东可查阅的公司信息将非常有限。

可见,产生争议的根本原因在于各种观点均试图从权利客体的角度出发,划出一个确定的查阅权范围,然而,股东利益与公司利益的平衡却是个变量,主观性比较强,倾向于保护股东利益时,查阅范围就会大一些;倾向于保护公司经营权时,查阅范围就会限定的小一些。所以,导致这些争论的本质原因不是如部分学者所指出的那样:公司法的列举规定造成了立法概念在周延性与弹性方面的缺失[①],而是以权利客体为中心确定知情权范围的习惯思维逻辑导致该问题长期争论不休。这一习惯思维的实质就是力图为股东的知情权划出一个一劳永逸的、确定而清晰的范围,这个范围内的公司信息,股东都有权查阅,并且认为这种处理方式既维护了股东利益,又不影响公司的经营权及商业秘密。但是,从前述分析可以看出,基于这一思路的公司法规定和各种学说都存在问题,不能适应公司实践的需要。

(二)司法裁判思维的调整——以权利行使为中心

就理论意义而言,股东知情权是基于股东身份而享有的固有权利,是实现

① 李建伟. 股东知情权诉讼研究 [J]. 中国法学,2013(2):96.

其他权利的基础,所有的公司信息都应当含摄在股东知情权的范围之内。同时,实践中的具体情形不同,各个案件中股东请求查阅的公司信息的范围也各有差异。所以,应当在允许股东查阅公司所有信息的原则前提下,根据个案确定股东的查阅对象。进一步而言,就是在具体案件中根据判断股东申请查阅的某一信息的理由是否充分和必要。可以将依照习惯思维划定的知情权范围称为"静态范围",把依据个案具体情况确定的知情权范围称为"动态范围"。

1. 抽象权利:股东有权查阅包括原始会计凭证在内的与会计账簿有关的资料

就列举式立法的原理而言,股东查阅权应当仅限于《公司法》第三十三条规定的内容,没有任何弹性空间。但是,当法律条文的适用出现了歧义,有多重理解时,是否应当固守文义解释呢?对于各种法律解释方法的适用顺序问题,虽无统一的观点,但是有学者认为首先使用文义解释法,当文义解释法可能有复数结果存在时,可以论理解释。① 日本学者矶村哲则认为,多数观点认同目的论解释有终局优越性。② 既然对于能否查阅会计凭证的问题存在尖锐的争议,就说明"会计账簿"的文义是不确定的,存在多种理解,甚至同样根据会计立法的规定作出的解释也完全相反。③ 所以,应当使用其他方法进行解释。有学者提出运用目的解释方法,对特定文件资料和会计账簿作扩张解释。④《中华人民共和国立法法》第一百一十九条规定,最高人民法院的解释应当主要针对具体的法律条文,并符合立法的目的、原则和原意。

众所周知,股东知情制度的目的在于使股东获得公司经营、会计信息,以便作出决策,监督管理层,同时又设计了诸多限制股东知情权的规定,诸如查阅主体、查阅范围、查阅目的,力求在股东与公司之间建立利益平衡。就会计账簿

① 梁慧星. 民法解释学 [M]. 北京:法律出版社,2015:247.

② 梁慧星. 民法解释学 [M]. 北京:法律出版社,2015:247.

③ 杨路. 股东知情权若干问题研究 [J]. 法律适用,2007(4):12;石少侠. 对《〈公司法〉司法解释(四)》若干规定的理解与评析 [J]. 当代法学,2017(6):102.

④ 刘俊海. 公司自治与司法干预的平衡艺术:司法解释四的创新、缺憾与再解释 [J]. 法学杂志,2017(12):41.

与原始凭证的紧密关联性,以及我国公司实务中账簿造假现象屡见不鲜的现实来看,不赋予股东查阅原始凭证的权利,明显无法实现平衡股东与公司利益的立法目的,所以应当依据立法目的解释"会计账簿"的涵义。2022年《公司法》修订草案二审稿规定股东可以查阅"会计凭证",也是对现实需求的回应。

2. 具体权利:股东只能查阅与请求理由和目的相关的会计账簿及相关资料

股东可以查阅与会计账簿有关的资料,仅仅是一项抽象的权利,并不是在任何情况下股东都可以随时请求查阅任何公司信息,否则,将严重损害公司的经营权。实际上,在具体的案件中,还应当根据查阅理由和目的进一步确定查阅的信息范围。

(1)判断股东请求查阅的理由是否具体。股东的查阅理由不能是为了行使抽象的、泛泛的股东权利,每一项都是具体而明确的。法院可以依据具体的请求理由判断请求目的是否正当,并确定请求查阅的会计资料的范围。当然,股东不需要证明所依据的事实是客观的。股东很难知悉公司及管理层的具体管理情况,只有通过查阅相关财务信息才能知晓。如果在查阅会计账簿信息之前,就要求股东证明公司或管理人员有不当行为的事实,是不符合设置股东查阅权制度的立法目的的。公司实务中,股东请求查阅公司信息的理由可能各种各样,例如,公司长期没有履行保障股东知情权的法定义务、被告对外大肆举债、账目混乱、公司拒绝分配利润、公司亏损而拒绝解释、公司营业额和利润出现非正常下跌、注册资本流失、多笔交易不正常,这些理由均可以视为合理而具体的理由。

(2)根据具体的请求理由,判断请求目的是否正当。我国《公司法》第三十四条规定了股东请求查阅须有"正当目的",《公司法司法解释(四)》采取列举方式规定了四种非正当目的,使法官在实际操作过程中有可供参考的标准。在具体案件中,法院首先判定股东具有具体的查阅理由,然后结合《公司法司法解释(四)》列举的非正当目的,判定股东的请求是否合理。

（3）根据请求理由和请求目的，判定查阅对象的范围。请求查阅的理由与查阅对象之间应当具有关联性，公司能够以没有关联性为由拒绝股东查阅不必要的会计账簿。在查阅理由具体、请求目的正当的基础上，确定股东的查阅对象是否与查阅理由具有关联性。以关联性限定查阅对象范围的做法更符合股东知情权制度的立法本意，既达到维护作为投资者的股东权益，又能防止查阅范围的无限扩大而影响公司的经营管理。

（三）股东知情权的查阅目的

股东在行使知情权申请查阅公司会计账簿时，公司可以股东具有"不正当目的"或可能损害公司利益为由进行抗辩，拒绝股东的查阅请求。公司法对于"正当性目的"的要求是诚信原则在商事领域的延伸和演化，是对股东知情权的实质性检验标准。[1] 股东查阅权的"正当目的"是一个最低的标准。[2] 而"不正当目的"主要是指股东并非出于保护自身利益或者保护公司利益和促进公司发展的目的而查阅公司资料，即与股东的正当利益无关的目的。[3]《公司法司法解释（四）》第八条类型化列举了"不正当目的"的诸类情形，包括竞业禁止、向外人披露公司的商业秘密以及股东在三年内曾向他人透漏过公司信息、损害了公司利益。总体上看，在关于"不正当目的"的诸项规定中，实务中涉及第一项"实质性竞争关系业务"的占据绝对的数量优势。

就竞业关系而言，有学者认为，因股东自营或为他人经营的业务与公司主营业务间有实质竞争关系而直接推定其具有"不正当目的"的做法是不妥的。首先，《公司法》第一百四十八条中竞业禁止的义务只针对公司董事和高管，并未对股东规定竞业禁止的义务，因此将同业竞争等同于"不正当目的"实质上是对股东苛求法定以外的义务，与《公司法》相冲突。其次，实践中同一股东入

---

① 李美云. 有限责任公司股东会计账簿查阅权问题研究——兼对《公司法司法解释四（征求意见稿）》评析 [J]. 中国政法大学学报，2013（4）：33.

② 肖信平. "正当目的性"视角下的股东查阅权的法律适用与司法价值 [J]. 齐齐哈尔大学学报：哲学社会科学版，2017（11）：97.

③ 杨路. 股东知情权案件若干问题研究 [J]. 法律适用，2007（4）：12.

股多个公司实属常见,法律也不禁止自然人或法人成为两个经营范围相同的公司的股东。同业竞争现象的存在并不意味着公司利益的损害,而只是一种损害的可能性。因此,只有公司有证据证明股东有泄露商业秘密甚至损害公司利益的意图,才能认定股东具有"不正当目的"。^① 各级法院对实质性竞业关系的认定标准,侧重于从具体性、现实性两方面考量。其中,具体性意味着不能仅以登记经营范围作为判定实质性竞业关系成立的依据,证明实质性竞业关系存在的证据应更加具体,细化到产品、经营区域等;现实性表明,竞业关系在诉讼阶段存在与否关系到实质性的认定,因此在认定主营业务时应结合实际情况,需证明有损害公司合法利益的可能性。^②

查阅对象涉及公司商业秘密、重要敏感信息的,对于行权股东的不正当目的限制成为平衡公司利益与股东利益的重要制度设置。但是,仅仅依托诉前阶段的股东具体地说明目的与诉讼阶段的公司承担"不正当目的"的证明责任,还不足以实现"不正当目的"的立法意旨,执行阶段的股东查阅方式与阅后的信息使用范围、方式限制,也是"不正当目的"规制体系中不可或缺的重要环节。因此,法院不能孤立地看待股东查阅权的目的正当性问题,应对目的限制规则体系有整体的把握;恪守司法有限介入原则,严格审查诉前、诉中的每个程序完成情况,准确解释与审慎适用"不正当目的"条款;将目的限制放回股东知情权的所有限制条件中考虑,动态地利用查阅目的、查阅范围、查阅方式、信息使用等环节,通过委托中介机构查阅、限制查阅所获信息的用途、限制复制权等有效途径,以求达成各方利益的平衡。^③

① 王黛娜. 有限责任公司股东知情权若干争议问题研究——基于《最高人民法院关于适用〈中华人民共和国公司法〉若干问题的规定(四)征求意见稿》的理解与思考 [J]. 时代法学, 2017(2):81.

② 李建伟. 竞业股东查阅会计账簿的目的限制研究——《公司法解释(四)》第8条第1项的法教义学分析 [J]. 北方法学, 2020(5):79.

③ 李建伟. 股东查阅会计账簿的"不正当目的"抗辩研究——《公司法》第33条第2款的法教义学分析 [J]. 当代法学, 2021(1):105.

第四节　隐名股东权益的保护

一、执行异议之诉中隐名股东排除强制执行纠纷

黄某某原系甲公司的股东并兼任公司法定代表人。后黄某某将其持有的甲公司全部股份转让给权云先并退出公司。2012 年 2 月 13 日，甲公司与四川广达建筑安装工程集团有限公司及其他十六位自然人股东发起设立乙公司，公司注册资本为 10 000 万元。2011 年 12 月 19 日，黄某某通过中国工商银行广元分行营业部将现金 500 万元转入甲公司指定的银行账户，该转账凭证上载明：支付黄某某成都投资款。2011 年 12 月 20 日，甲公司将黄某某转入的 500 万元投资款再转入乙公司的银行账户。甲公司名义上向乙公司投资 500 万元，占公司 5% 股权。国家企业信用信息公示系统显示，甲公司系乙公司的登记股东，投资额为 500 万元，占公司 5% 股权。2012 年 5 月 31 日，黄某某、李某某与甲公司签订确认书：2011 年 12 月 19 日黄某某向甲公司转账 500 万元，2011 年 12 月 20 日以甲公司名义向乙公司出资 500 万元，占公司 5% 股份；现各方确认该股份实际系黄某某出资，股份归黄某某所有，其股东权利义务由黄某某享有和承担；甲公司只是名义上的持股人，不实际享有公司股东权利和承担股东义务。2017 年 1 月 17 日，乙公司出具证明：黄某某、李某某以甲公司名义成为公司股东，出资 500 万元，占公司 5% 股份；公司知晓黄某某、李某某是甲公司所持股份的实际出资人。

另外，皮某某与甲公司民间借贷纠纷一案，2015 年 10 月 30 日，一审法院作出（2015）德民一初字第 15 号民事判决书，判决甲公司于判决生效后十五日内归还皮某某借款 452 万元。判决生效后，甲公司没有主动履行其还款义务，皮某某于 2016 年 6 月向一审法院申请强制执行。2016 年 6 月 21 日，一审法院作出（2016）川 06 执字第 42-2 号执行裁定书，冻结了甲公司持有的乙公司 5% 案涉股权。2016 年 6 月 22 日，一审法院向乙公司作出（2016）川 06 执字第 42-1 号协助执行通知书。2016 年 11 月 9 日，黄某某、李某某向一审法院提出

执行异议申请。一审法院受理后,依法进行了审查,并于 2016 年 12 月 9 日作出(2016)川 06 执异 37 号民事裁定书驳回黄某某、李某某的异议请求。2017 年 1 月 11 日,黄某某、李某某向一审法院提起执行异议之诉,请求判令甲公司持有的乙公司 5% 股权属于黄某某、李某某所有,排除对该股权的强制执行。

二、裁判结果及理由 [①]

本案争议焦点为:黄某某、李某某作为乙公司的实际投资人是否具有排除强制执行的民事权利。一审法院确认登记在甲公司名下的乙公司 5% 的股权属于黄某某、李某某所有,不得执行该股权。二审、再审认定黄某某、李某某不能基于其对案涉股权所享有的利益排除法院的强制执行。

(一)二审裁判

第一,依照《中华人民共和国公司法》第三十二条第三款:"公司应当将股东的姓名或者名称向公司登记机关登记;登记事项发生变更的,应当办理变更登记。未经登记或者变更登记的,不得对抗第三人。"本案中,乙公司工商登记信息记载的股东为甲公司,黄某某、李某某系具有完全民事行为能力的一般理性人,明知乙公司的登记股东与实际投资人不一致,其有能力预见由此所导致的包括案涉股权因甲公司对外债务可能被法院查封乃至执行在内的各类交易风险,确保自身对乙公司的投资权益能够对抗第三人,从而消除前述交易风险。但是黄某某、李某某却放任乙公司实际投资人与登记股东不一致的情况产生并持续存在,黄某某、李某某对案涉股权外观与实际情况不一致存在过错,由此所导致的各类交易风险应由其自行承担。

第二,作为参与商事交易的主体,公司系以自身的全部资产对所有的商事交易承担责任。工商登记公示信息显示甲公司对乙公司享有 5% 的股权,该信息是甲公司对外公示的权利外观,显然构成甲公司所展示的履约能力的资产信用保证。皮某某作为与甲公司进行交易的第三人,对甲公司享有乙公司 5% 股

---

① (2019)最高法民再 45 号。

权的权利外观存在合理的信赖利益。本案中,皮某某在与甲公司交易中系善意无过错的相对人,依照《中华人民共和国公司法》第三十二条第三款关于"公司应当将股东的姓名或者名称向公司登记机关登记;登记事项发生变更的,应当办理变更登记。未经登记或者变更登记的,不得对抗第三人"的规定,实际投资人黄某某和李某某就案涉股权所享有的利益不能对抗皮某某就案涉股权所享有的信赖利益,即黄某某、李某某不能基于其对案涉股权所享有的利益排除法院的强制执行。

(二)再审裁判

第一,本案所涉民间借贷关系中债权人皮某某享有的利益是动态利益,而黄某某、李某某作为隐名股东享有的利益是静态利益。根据权利形成的先后时间,如果代为持股形成在先,则根据商事外观主义,债权人的权利应当更为优先地得到保护;如果债权形成在先,则没有商事外观主义的适用条件,隐名股东的实际权利应当得到更为优先的保护。因案涉股权代持形成在先,诉争的名义股东甲公司名下的股权可被视为债务人的责任财产,债权人皮某某的利益应当得到优先保护。故黄某某、李某某的该项再审理由不成立,本院不予支持。

第二,关于《中华人民共和国公司法》第三十二条的理解与适用问题。该条规定:"公司应当将股东的姓名或者名称向公司登记机关登记;登记事项发生变更的,应当办理变更登记。未经登记或者变更登记的,不得对抗第三人。"工商登记是对股权情况的公示,与公司交易的善意第三人及登记股东之债权人有权信赖工商机关登记的股权情况并据此作出判断。其中"第三人"并不限缩于与显名股东存在股权交易关系的债权人。根据商事外观主义原则,有关公示体现出来的权利外观,导致第三人对该权利外观产生信赖,即使真实状况与第三人信赖不符,只要第三人的信赖合理,第三人的民事法律行为效力即应受到法律的优先保护。基于上述原则,名义股东的非基于股权处分的债权人亦应属于法律保护的"第三人"范畴。本案中,李某某、黄某某与甲公司之间的股权代持关系虽真实有效,但其仅在双方之间存在内部效力,对于外部第三人而言,股权登记具有公信力,隐名股东对外不具有公示股东的法律地位,不得以内部股权代持关系有效为由对抗外部债权人对显名股东的正当权利。

综上所述,虽然黄某某、李某某再审申请理由部分成立,但本院经审理后认为,二审法院对投资权益显名化的实质理解有误,但其裁判结果与本院审理的客观结果一致,对皮某某权利并未构成实质性影响,故此问题不足以影响本院对案件的实体处理。

三、法理与争鸣

根据公司法的相关规定,在隐名出资法律关系中,实际出资人(隐名出资人)的姓名或名称不出现在公司章程、股东名册和工商登记簿中,与实际出资人形成股权代持关系的显名股东(登记股东)的姓名或名称记载于相应的法律文件中,从而产生登记的外观权利与实际权利不一致的情形。当登记股东的债权人基于生效法律文书请求强制执行显名股东名下的股权时,隐名出资人会提起案外人执行异议之诉对抗强制执行的请求。在此类诉讼中,应当依据外观标准确定权利归属,还是依据实质标准确定,实务界与学界争议比较大。

(一)股权登记对抗效力下《公司法》第三十二条能否适用于执行异议之诉

《公司法》第三十二条第三款规定,股东姓名或名称未进行工商登记的,不得对抗第三人。根据商法公示主义与外观主义原则,公司的工商登记对社会具有公示公信效力,善意第三人有权信赖公司登记机关的登记文件,且商事外观主义的适用范围不仅仅限于交易领域,执行领域也适用,故应当以工商登记表现的权利外观作出股权权属的判断①。

(1)股权登记不是确定股权归属的直接标准。股东登记的可信赖性低于物权登记的可信赖性。其理由在于:第一,股权登记由作为商事主体的公司负责完成,股东并不参与相关商事事项的登记;第二,我国的商事登记采取形式审

---

① 肖建国. 执行标的的实体权属的判断标准——以案外人异议之诉的审查为中心的研究[J]. 政法论坛,2010(3):103-104.

查,虽有国家权力介入,也难以保证登记信息与真实信息的高度一致,达不到与物权登记同样的可信赖性。因此,工商登记簿中的股东是否为真实权利人仅仅具有或然性,不能直接根据股权的工商登记确定股权归属,尤其是在实质权利与外观权利不一致的情况下。

(2)《公司法》第三十二条中"第三人"的范围不包括登记股东的一般债权人。外观主义能否适用于执行异议之诉的争议焦点其实就是第三人的范围问题,即《公司法》第三十二条第三款中的第三人是否包括非交易第三人。从理论与法律规定的角度来看,答案是否定的。

第一,外观主义"并非法律明文设置的原则及规则,而是专家、学者判决概括、升华的法律理念、思潮、指导思想、原理"[1]。在实际运用中应当非常谨慎,"它仅在不得已的情况下,才能作为所有权绝对、实事求是、意思自治等原则的例外和补充"[2]。

第二,2019年《全国法院民商事审判工作会议纪要》第3条规定,《公司法》第三十二条中的"不得对抗第三人"应当适用《民法总则》第六十五条的"不得对抗善意相对人"。[3]非常明显,最高人民法院对《公司法》第三十二条中的"第三人"进行了限缩解释,将其限定为合同关系相对人,具体到公司法领域,就是与案涉股权交易相关的相对人,而登记股东的一般债权人并非案涉登记股权的交易相对人。

总之,虽然外观主义原则的适用能够实现保障交易安全、降低交易成本的目的,但同时也可能损害实际权利人的利益。作为一项理论原则,不应随意扩大其适用范围。涉及隐名出资的执行异议之诉是综合多种法律制度规范的复杂工程,不仅仅是外观主义的适用问题,还涉及执行异议之诉、隐名出资等相关法律制度的立法目的、具体规范的设计等。

---

① 崔建远. 论外观主义的运用边界 [J]. 清华法学,2019(5):6.
② 崔建远. 论外观主义的运用边界 [J]. 清华法学,2019(5):5.
③ 李适时. 中华人民共和国民法总则释义 [M]. 北京:法律出版社,2017:188.

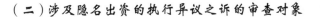

（二）涉及隐名出资的执行异议之诉的审查对象

因执行异议之诉与执行程序的执行异议的审查对象相同,致使司法实践不自觉地受到了执行程序追求效率的形式审查方式的影响,在审理涉及隐名出资的执行异议之诉时,直接适用外观主义,引用《最高人民法院关于人民法院办理执行异议和复议案件若干问题的规定》。该规定第二十五条第一款第(四)项规定:"股权按照工商行政管理机关的登记和企业信用公示系统公示的信息判断。"其实,执行异议之诉本质上是一个诉讼,是一个新的审判程序,而非执行程序。学界将其内涵解释为:"在案外人执行异议之诉的审判程中,审判法官就执行标的的权属进行判断……它所判断的是执行标的物的真实权利而非权利表象;并且,在权利表象与真实权利不一致时,真实权利人通过提供证据证明实质权利的正当性,就能以真实权利排斥权利表象。"[1] 而案外人执行异议是执行程序的一个环节,在价值取向上注重效率,实施形式审查,对案外人权利的判断仅限于权利表象而非真实权利。根据《最高人民法院关于适用〈中华人民共和国民事诉讼法〉的解释》第三百一十一条、第三百一十二条,在执行异议之诉中,法院应当围绕是否存在"足以排除强制执行的民事权益"进行审查,有则排除强制执行,无则驳回申请。可见,执行异议之诉的目的在于通过实质审查确定争议标的的实际权利人,不同于执行程序的形式审查。

具体而言,在涉及隐名出资的执行异议之诉中,针对实际出资人提起的异议申请,法院应当首先审查实际出资人对案涉股权是否享有实际权利,如果有充足的证据证明实际出资人对案涉股权享有实际权益,那么法院就应当在实际权利人的权利或权益与登记股东的债权人的债权之间权衡、比较,根据二者在实体法上的性质、效力等因素,确定何者应当优先保护、强制执行申请应否被排除,而不是简单地适用外观主义直接驳回实际出资人的异议。进而言之,执行异议之诉的审理过程可以详细分解为三个部分:①审查登记股权的实际权属;②比较实际权利和登记股东的一般债权人的债权;③认定能否排除强制执行。

---

① 肖建国. 执行标的的实体权属的判断标准——以案外人异议之诉的审查为中心的研究 [J]. 政法论坛,2010(3):99.

(三)组织法理念下隐名出资中"足以排除强制执行民事权益"的判断

判断隐名投资中是否存在"足以排除强制执行的民事权益"时,应当摆脱单纯的债权法、物权法的民法思维的影响,在商事组织法的范畴内,依据公司法的逻辑理念,综合组织法、交易法的性质与特点加以判断。

1. 实际出资人与登记股东的债权人之间权利性质、效力的比较

实务中,合法的隐名出资情形可以分为两种。第一,完全隐名出资:登记股东实际行使股东的相应权利。第二,不完全隐名出资:实际出资人行使股东权利,实际出资人的股东身份为公司及其他股东所认可。两种隐名出资中,或者实际出资人,或者出名股东,与公司及其他股东之间形成了稳定的关系。一旦登记股权被强制执行,均会产生股权转让问题,会影响股东之间的信赖关系,进而对公司的稳定经营管理带来不利因素,牵动实际出资人与显名股东、显名股东与其他股东、显名股东与公司之间众多主体的法律关系的变动。而登记股东的债权人的债权相较股权比较单纯,通常是基于合同、侵权、不当得利等产生的财产给付请求权,并且也只在债权人与债务人之间发生利益变动,不会牵涉更广范围的其他主体。因此,从两类权利在实体法上的性质、关涉社会关系的范围等因素来看,优先保护实际出资人的理由更充分一些。

2. 实际出资人与登记股东的债权人所承担风险的比较

学界一般认为,隐名出资人自愿不出现于股东名册和工商登记簿而导致股权登记外观的形成,使登记股东的一般债权人产生信赖而申请强制措施,理应承担股权被强制执行的不利后果。本案裁判即采纳这一观点。然而,《公司法司法解释(三)》第二十四条明确保护实际出资人的利益,隐名出资行为因为该条规定而获得了正当性,这也符合公司法秉持的鼓励投资兴业的立法目的。对于与登记股东进行交易的第三人而言,相当于法律给出了风险预警:存在实际权利与外观权利不一致的可能。同时,《公司法司法解释(三)》第二十五条围绕登记股权的转让、抵押等交易设置了保护第三人的善意取得制度。对登记股东一般债权人而言,因隐名出资导致的风险,可以通过善意取得制度得以避免,

风险与救济在制度层面达到了平衡。然而,与登记股东进行交易的第三人忽视存在隐名出资的风险预警,没有利用登记股权设置担保而将案涉股权纳入交易范畴,理应承担由此造成的非交易风险。

反之,对于实际出资人而言,一旦选择隐名出资,就面临股权因交易而被第三人善意取得的风险。如果非交易情况下,登记股权依然可以被强制执行的话,隐名出资人将面临双重风险,除了通过持股协议寻求救济以外,再无其他保护措施。而合同救济除了本文已经提到的组织法上的弊端外,还存在救济效果的不确定性等问题。可见,如果实际出资人的利益在执行异议之诉中得不到保护的话,那么实际出资人的投资风险与救济保护之间就会严重失衡,挫伤投资者的投资积极性,违背《公司法》投资兴业的立法目的。

第四章

有限责任公司股权转让

第一节 侵害股东优先购买权

一、股权转让合同效力纠纷

2012 年 12 月 17 日,季某某和刘某签订一份协议:①季某某将所持有的丁公司 30% 的股权转让给刘某,在法律确认生效时一次性付清 350 万元价款;②刘某实际掌控公司后另行与季某某签订聘用协议;③如季某某将股权转让给他人,季某某赔偿刘某价款的 20%,刘某若延迟付款,赔偿季某某 20%。同日,王某某与刘某也签订了一份与上述内容类似的协议。刘某与季某某的协议签订后,该协议内容一直未履行。

2013 年 1 月 8 日,季某某与孙某某签订股权转让协议:季某某系丁公司股东之一,持有丁公司 30% 的股权,现季某某同意将其所持有的 30% 的股权一次性转让给孙某某或孙某某指定的第三人,同时孙某某向季某某支付现金人民币 300 万元整。协议签订后,孙某某分别于 2013 年 1 月 29 日、2013 年 7 月 15 日向季某某支付股权转让款 50 万元和 10 万元。

季某某举证 2012 年 11 月 18 日两份律师函,称该两份律师函系寄给丁公司的股东阎某某和孙某某。该两份律师函的内容主要是:丁公司以外的人希望以 1 800 万元的总价格购买王某某和季某某所持有的丁公司的全部股权;希望阎某某和孙某某收到此函后,书面答复是否同意王某某和季某某转让股权,如三十日内未给予书面答复,则视为同意;如主张购买,则于收到此函后的三十日内分别支付王某某和季某某 900 万元,用以购买王某某和季某某各持有的 30% 的股权;如既不同意对外转让又不购买相应股权,则视为同意转让。上述两份律师函中,致孙某某的律师函加盖律师事务所印章,致阎某某的律师函无律师事务所印章。刘某认为两份律师函与其无关;孙某某认可收到律师函,但认为该律师函载明的股权转让价款为 900 万元,所陈述的协议内容和刘某与季某某签订的 2012 年 12 月 17 日协议内容属于两份不同协议。季某某无证据证明阎某某签收了上述律师函。

丁公司系有限责任公司,在 2012 年 12 月 17 日,刘某与季某某签订协议时,丁公司的股东为王某某(认缴出资 300 万元)、季某某(认缴出资 300 万元)、阎某某(认缴出资 300 万元)、孙某某(认缴出资 100 万元)。2013 年 2 月 1 日,丁公司的股东由王某某、季某某、阎某某、孙某某变更为季某某(认缴出资 300 万元)、孙某某(认缴出资 700 万元)。

2013 年 3 月 7 日,刘某诉至法院称:2012 年 12 月 17 日协议签订后,丁公司股东均未在规定期限内行使优先购买权,季某某也未履行股权转让协议。请求判令季某某继续履行股权转让协议,赔付违约金。季某某辩称:2012 年 12 月 17 日协议是附条件生效的协议,因丁公司其他股东行使优先购买权导致条件未成就,协议并未生效。孙某某称刘某与季某某之间签订的股权转让协议侵犯了其优先购买权,属于无效协议。

二、裁判结果及理由[①]

本案争议焦点在于季某某与刘某于 2012 年 12 月 17 日签订的股权转让协议是否有效。

(一)一审裁判

刘某和季某某的股权转让协议因不符合股权转让的前提条件而无效。理由:《中华人民共和国公司法》第七十二条第二款、第三款规定:"股东向股东以外的人转让股权,应当经其他股东过半数同意。股东应就其股权转让事项书面通知其他股东征求同意,其他股东自接到书面通知之日起满三十日未答复的,视为同意转让。其他股东半数以上不同意转让的,不同意的股东应当购买该转让的股权;不购买的,视为同意转让。""经股东同意转让的股权,在同等条件下,其他股东有优先购买权。"

本案中,季某某向公司以外的人刘某转让其股权并签订协议,应将该事项以书面形式通知其他股东并征求同意。但上述股权转让相关事项,并未书面通知丁公司的股东阎某某;丁公司股东孙某某虽然认可收到律师函,但律师函的

---

① (2015)苏商再提字第 00042 号。

内容与刘某某与季某某间协议内容不符,季某某存在以高价通知其他股东,以低价向股东之外的其他人转让的主观恶意,应视为季某某未将股权转让事项通知孙某某。阎某某和孙某某是当时丁公司四位股东中的两位,在季某某将其股权转让相关事项未通知上述两位股东的情况下,也就未能得到季某某之外三位股东的过半数同意。故刘某和季某某的股权转让协议因不符合股权转让的前提条件而无效。

(二)二审裁判

刘某与季某某签订的股权转让协议合法有效,理由是:《公司法》虽然规定股东向股东以外的人转让股权时,应经其他股东过半数同意,股东应就其股权转让事项书面通知其他股东征求同意,其他股东自接到书面通知之日起满三十日未答复的,视为同意转让。其他股东半数以上不同意转让的,不同意的股东应当购买该转让的股权;不购买的,视为同意转让。经股东同意转让的股权,在同等条件下,其他股东有优先购买权。但其他股东是否同意转让以及是否行使优先购买权,仅是对股东向股东以外的人转让股权的履行构成阻却,并不能否定股权转让协议本身的效力。本案中,刘某与季某某签订的股权转让协议是双方当事人的真实意思表示,且不违反法律、行政法规的强制性规定,应为合法有效。

(三)再审裁判

季某某向刘某转让股权的合同有效,但履行不能,其需向刘某承担七十万元的违约金责任。《中华人民共和国公司法》第七十二条第二款、第三款赋予其他股东同意权和优先购买权的目的是要维系有限责任公司的人合性,以免未经其他股东同意的新股东加入后破坏股东之间的信任与合作。而要实现这一目的,只要阻止股东以外的股权受让人成为新股东即为已足,亦即只要股权权利不予变动,而无需否定股东与股东以外的人之间的股权转让合同的效力。其次,该条规定并未规定如转让股东违反上述规定则股权转让合同无效。再次,如果因转让股东违反上述规定即股权转让未经上述程序而认定股权转让合同无效,那么在其他股东放弃优先购买权后,转让股东需与受让人重新订立股权转让合同,否则任何一方均可不受已订立的股权转让合同的约束,显然不合理。综上所述,股东未经上述程序向股东以外的人转让股权与股权转让协议的效力无涉。本案中,刘某与季某某签订的协议系双方的真实意思表示,不违反法律、行政法规的强制性规定,合法有效。

三、法理与争鸣

股权转让纠纷诉讼中,以股东对外转让股权与其他股东行使优先购买权之间的关系最为复杂。《公司法》第七十一条、《公司法司法解释(四)》的七个条文对优先购买权的问题进行了规范,但面对实务中诸多问题时仍显捉襟见肘,实务诉讼中,以股权对外转让协议侵害了其他股东的优先购买权为由提起诉讼的案件屡见不鲜。股权转让合同跨合同法和公司法两个领域,两个部门法分属行为法和组织法,导致此类合同效力的认定相对复杂、困难,不同法院对同类事实往往形成不同的判决,理论界也意见纷呈。股权对外转让的实践中,侵害股东优先购买权的情形大致有二种:第一,股权转让股东没有将转让事项通知其他股东;第二,股权转让股东与第三人恶意串通,通过虚报高价等方式使其他股东放弃优先购买权。因第二种情形下的股权转让合同违反《合同法》第五十二条(《民法典》第一百五十三条)规定而无效,学界和实务界的争议主要围绕第一种情形下的股权转让合同展开。

(一)无效说

《公司法》第七十一条属于效力性强制性规定,转让股权的股东与股东以外的第三人签订的股权转让合同因违反该条规定应属无效。[①]该说是以《公司法》第七十一条的规范性质为依据,进而认定股权转让合同的效力。

无效说强调《公司法》第七十一条关于股东优先购买权的规定是法律的强制性规定,而《合同法》第五十二条(《民法典》第一百五十三条)规定违反

---

① 张艳,马强. 股权转让的法律问题——公司法第七十二条适用之探讨 [J]. 法学论丛,2008(3):33-40.

法律、行政法规强制性规定的合同无效，因此未经其他股东放弃优先购买权的股权转让合同无效。对于第七十一条的性质，学界有不同的观点。首先，就第七十一条的体系来看，第二、三款规定了股东同意权和优先购买权之后，在第四规定："公司章程对股权转让另有规定的，从其规定。"该款规定说明，股东可以通过公司章程的规定排除第二、三款的适用。因此，所谓第七十一条第二款、第三款是"强制性规范"的说法并非毫无漏洞，批评的观点却指出第七十二条第二款和第三款之规定并非法律的强制性规定，而系选择适用和推定适用的任意性规范。有学者甚至认为，"即使因法律规定的表面原因而具有强制性，这些规范也只能算作程序强制规范，而非内容强制规范。违反内容强制与程序强制的效果，显然应当有所区分"[1]。还有学者进一步指出，即便将其认定为强制性规范，该条规定也属于强制性规定中的赋权性规定，而非禁止性规定，在股东违反法定规则与第三人签订转让合同的情形下，股东的优先购买权并未丧失仍可以行使，这并不能说是已经侵犯了股东的优先购买权而应当使合同归于无效。而该类合同显然又不符合其他合同无效的情形。因而，得出该类合同无效的结论理由并不十分充分。此外，股东是否行使优先购买权具有不确定性，如果只要违反《公司法》第七十二条就一概认定无效，并且是合同的自始、当然、确定无效，将导致优先购买权人在放弃优先购买权后，转让人和第三人将必须重新缔结合同的不合理结论，违背经济、效率的商事法则。[2]

（二）效力待定说

该观点认为，基于其他股东对转让股东向外转让股权享有同意权和优先购买权的限制，股东并不能完全自由地处分其股权。该种情形与欠缺处分权的民事行为类似，应类推适用无权处分的有关规定，认定为效力待定的合同。[3] 该说以股权转让受限为依据，将其与欠缺处分权的民事行为相联系，从而认定合同

---

[1] 曹兴权. 股东优先购买权对股权转让合同效力的影响 [J]. 国家检察官学院学报，2012（5）：152.

[2] 赵旭东. 股东优先购买权的性质和效力 [J]. 当代法学，2013（5）：21.

[3] 赵万一，昊明许. 论有限公司出资转让的条件 [J]. 法学论坛，2004（5）：40-41.

的效力。

　　然而,对上述见解,学者间多有质疑。对于无权处分的观点,有学者指出:"《合同法》第五十一条规定的是'无处分权的人处分他人财产'的情形,而作为股权转让人的股东显然不是'无处分权的人',他有处分权,只是处分权的行使受到一定的限制;另外,股权也并非他人财产,而是股东自己的财产。"① 即使属于无权处分,设定股权转让负担的股权转让合同本身的效力也不应当受到影响,因为负担行为并不需要具备处分权,无权处分只是导致合同有可能无法履行,产生违约责任。假设将该类合同定性为效力待定合同,虽然第三人可以获得催告权、解除权等,在一定程度上保护自己的利益,但是这里依然存在着合同效力受合同之外主体制约以及第三人无法获得合同不履行的保护等问题。② 随着《民法典》的颁行,无权处分合同的效力问题在立法层面上已得到解决,根据第五百九十七条的规定,无权处分的买卖合同有效,因无权处分而导致合同不能履行的,会产生解除合同或违约责任。

(三)附法定条件说

　　附法定条件说认为,在满足取得其他股东过半数同意的条件后,转让人可与第三人签订股权转让合同,但该合同必须以其他股东放弃优先购买权为法定停止条件,在满足该法定条件的情况下合同开始生效。③

　　《合同法》第四十四条(《民法典》第五百零二条)确立了合同成立即生效的一般原则,法定生效要件和约定生效要件是例外情形。法定生效要件主要是法律规定需要办理审批手续等,"其他放弃股东的优先购买权"并非法律明定的合同生效的法定条件。此外,有学者还指出附法定条件说的观点在实务中的漏洞:将第三人与转让人之间合同的效力交由合同之外的主体来决定的做法,

---

① 张钧,吴钦松 . 论未经其他股东放弃优先购买权的股权转让协议之效力 [J]. 河北法学,2008（11）:187.

② 赵旭东 . 股东优先购买权的性质和效力 [J]. 当代法学,2013（5）:22.

③ 曹兴权 . 股东优先购买权对股权转让合同效力的影响 [J]. 国家检察官学院学报,2012（5）:148.

也将为优先购买权人恶意或拖延行使权利、危害他人利益提供机会。在优先购买人行使权利时,股东与第三人签订的合同不生效,将使第三人无法获得合同不履行的保护,对第三人保护难免不周。同时,合同的不生效,也可能使该类合同沦为出让股东权衡利弊之后借以抬高股价的一种工具,既浪费社会资源,又有害优先购买权人利益。①

(四)可撤销说

其他股东未放弃优先购买权的情形下,转让股东与第三人签订的股权转让合同,违反了《公司法》有关出让股东行使处分权的法定限制条款,侵害了其他股东的法定优先购买权,但由于其他股东是否有意、是否具有财力行使优先购买权并不确定,因而界定为可撤销合同比较合适。② 该说认为这一处理措施既可以保护转让股东与第三人之间的股权交易(如果其他股东不行使优先购买权,第三人就可以取得股份),又能够保护老股东的优先购买权。

这一学说最大的问题是没有可供援引的法律依据。我国民法领域内关于撤销权的规定主要适用于《民法典》第一百四十七条至第一百五十一条规定的因意思表示瑕疵引起可撤销的民事法律行为,以及第五百三十八条、第五百三十九条规定的债权人的撤销权。就前者来说,撤销权的归属在于双方民事法律行为中的一方,而非合同之外的第三人。因而将撤销股权转让合同的权利赋予合同外的其他股东,在主体资格上就存在较大疑问。就后者来说,债权人撤销权是将撤销权赋予合同外的第三人,在债务人的行为对债权人的债权实现有损害时,可以撤销债务人行为,但是,该撤销权的行使应当符合严格的法定条件,而股权转让合同并不符合此类撤销权的行使要件。

(五)有效说

有效说则认为,《公司法》第七十一条有关股东优先购买权的规定不属于效力性规范,即使违反也不会导致股权转让合同无效,并且股权转让合同生效

---

① 赵旭东 . 股东优先购买权的性质和效力 [J]. 当代法学,2013(5):21.

② 刘俊海 . 论有限公司股权转让合同的效力 [J]. 法学家,2007(6):6.

也并不意味着股权变动的实现，未经其他股东放弃优先购买权的股权转让合同以有效为妥当，可以让受让人根据请求权选择救济途径。[1]

最高人民法院对此类股权转让合同的效力的立场，先后经历了"有效[2]—可撤销[3]—无效[4]"，终于在2019年的《全国法院民商事审判工作会议纪要》中明确规定"股权转让合同如无其他影响合同效力的事由，应当认定为有效"。随着最高人民法院对此类合同效力的态度的明确，有效说逐渐成为主流学说，其理由如下。

首先，基于股权转让合同的效力与股权变动的效力之间的区分，前者不会影响后者的效力。我国《公司法》第三十二条第三款就规定了公司未将股东的姓名公司登记机关变更登记的，不得对抗第三人。同时，第七十一条也规定有限责任公司股权转让后应当向股东签发出资证明书并修改股东名册和公司章程。显然，股权转让中的股权变动需要履行一定的程序，才能具有对内对抗公司、对外对抗第三人的效力，受让人才能取得股东资格。因此，仅仅凭借股权对外转让合同，尚无法达成股权变动的最终效果，并无第三人加入公司，既不会影响公司的人合性，也不影响其他股东行使优先购买权。其他股东只要在法定期限内行使优先购买权，股权转让合同就无法履行。

其次，股权转让合同有效有利于保护股东以外受让人的利益。股权对外转让是股东的一项重要权利，也是股东收回投资的一种重要方式，也是股权得以流转的基本途径。法律为了防止股东随意对外转让股份破坏公司内部信赖关系，设置优先购买权来对股东对外转让股权加以限制。但我们应当知道，此时股东以外股权受让方是股权转让合同的当事人，同时也是重要的商事交易对象，正是通过股权的对外转让方可实现股权的流转，因此不得不考虑公司内部

① 吴建斌，赵屹. 公司设限股权转让效力新解——基于江苏公司纠纷案件裁判的法律经济学分析 [J]. 南京大学法律评论，2009：105-127.

② （2003）民二终字第143号。

③ 《最高人民法院关于审理外商投资企业纠纷案件若干问题的规定（一）》第十二条。

④ 2016年4月12日《最高人民法院关于适用〈中华人民共和国公司法〉若干问题的规定（四）》（征求意见稿）第二十七条。

以外受让方的利益。无论是对外转让股权的股东、优先购买权人还是其他受让方都应当是法律保护的主体。《公司法》为了防止其他股东想要受让股权但又想压低价格,在其他股东行使优先购买权时加上了"同等条件"的限制,具有一定效果。这一做法兼顾了转让股东与其他股东的利益,但似乎遗忘了对与转让股东已经签订股权转让合同的第三人利益的保护,造成了对三者之间保护力度失衡的后果。并且,无效说、效力待定说、附法定条件说、可撤销说四种观点,其出发点均是保护其他股东优先购买权,未曾关注股权转让合同受让人的利益,造成了转让股东、其他股东、第三人保护力度的失衡。

当股权转让合同有效时,因其他股东行使优先购买权,造成合同履行不能的,受让人可主张相应的违约责任。而合同效力的其他四种学说则可能导致合同最终无效的状态,受让人只能追究转让股东的缔约过失责任,违约责任和缔约过失责任在责任承担上有较大差异。主要体现在归责原则上,前者是严格责任,后者是过错责任;损害赔偿的范围上,前者是履行利益和可得利益的赔偿,后者则是信赖利益的赔偿。由此可见,股权转让合同有效在保护受让人利益方面优越于其他效力状态。

第二节 股权转让中的"同等条件"

一、股权转让中"同等条件"认定纠纷

楼某某与方某某等八名股东均系甲公司的股东,其中楼某某出资占甲公司注册资本的 6.91%,方某某等八名股东出资占注册资本的 93.09%。2009年 4 月 16 日,方某某等八名股东与伍某某、劳某某、卢某某(简称伍某某等三人)签订资产转让协议一份,约定:①方某某等八名股东将甲公司所有的资产转让给伍某某等三人;②转让价格为 9 480 万元;③价款支付方式:协议签订之日起三个工作日内支付定金 1 000 万元,协议签订之日起三十个工作日内支付6 000 万元,待完成股份转让手续后五个工作日内支付余款 2 480 万元。协议对具体资产进行了约定。以上资产和债务经伍某某等三人确认后,伍某某等三人

支付方某某等八名股东净收 9 480 万元。一切过户及税收相关费用等由伍某某等三人自负。……如伍某某等三人在三十个工作日内不能给方某某等八名股东明确答复,视为自动放弃。

2009 年 4 月 29 日,方某某等八名股东与伍某某等三人签订资产转让补充协议一份,约定:为完善 2009 年 4 月 16 日双方签订的资产转让协议,经双方协商达成如下协议:①双方同意以股份转让方式完成资产转让;②双方确认的股权转让价格是以双方确认的甲公司现有资产为基础。除补充协议确认的伍某某等三人愿意承担的甲公司债务外,双方股权转让之前甲公司的债权债务由方某某等八名股东承担,股权转让之后甲公司的债权债务由伍某某等三人承担;协议第三条对方某某等八名股东应承担的甲公司应支付的相关费用作了约定,该款项经双方查实后,可从伍某某等三人支付给方某某等八名股东的款项中扣除;协议第四条对伍某某等三人应承担的甲公司债务作了约定;③若甲公司欠乙公司的 1 520 万元是实,双方均有权单方终止 2009 年 4 月 16 日签订的资产转让协议及补充协议;④双方签订的资产转让协议与本补充协议不一致的,以本协议为准。

2009 年 5 月 25 日,方某某等八名股东与伍某某等三人签订《甲公司股份转让补充协议》一份,约定:鉴于楼某某不同意股份转让,股权转让手续因楼某某不同意股份转让需时间以完善,双方就甲公司股份转让一事达成协议如下:双方同意对 2009 年 4 月 16 日签订的资产转让协议中的转让价格及价款支付方式修改为:转让价格为 8 824 万元。价款支付方式:①伍某某等三人已向方某某等八名股东支付定金 1 000 万元;待完成楼某某不同意股份转让手续后,双方办理股份转让手续时支付 4 000 万元;楼某某案结案后支付 2 000 万元;待完成股份转让手续后三个工作日内将余款 1 824 万元转入双控账户。双方将甲公司交接完毕及 4 月 29 日双方签订补充协议履行后,再将余款支付给方某某等八名股东。协议中的"楼某某案"系指丙中院审理的楼某某与甲公司民间借贷纠纷一案,该案尚在审理中。

2009 年 6 月 3 日,方某某等八名股东以甲公司名义在 2009 年 6 月 4 日的某日报上发布通知一份,向楼某某书面通知如下事项:经甲公司董事长方某某提议,由公司董事长方某某召集,决定召开公司股东会议,会议时间为 2009 年 7 月 6 日,会议地点为某宾馆 911 房间,会议内容为公司股东方某某等八名股东在甲公司的股份 93.09% 全部对外转让,转让价格为 8 824 万元。请准时参加临时股东会议,并于 2009 年 7 月 6 日前对是否受让其余八位股东的股权作出书面答复。

2009 年 6 月 23 日,楼某某经丁市公证处公证分别向方某某等八名股东邮寄了通知,载明:……我以同等条件向你们购买甲公司的 93.09% 的股权,请你们收到本通知五日内与我办理股权转让有关的事宜。以上通知经特快邮递,王某某由本人签收,陈某某由其父代收,张某某由其房客代收,方某某等五人的邮件均未签收被退回。2009 年 6 月 26 日,楼某某又在某日报上刊登通知一则,内容与 2009 年 6 月 23 日的通知内容基本相同。

2009 年 7 月 6 日,甲公司召开临时股东会议,对方某某等八名股东持有的甲公司 93.09% 的股份对外转让事宜进行讨论。经表决,除楼某某外的其余八位股东即方某某等八名股东同意上述股权对外转让,转让价格为 8 824 万元,付款方式为一次性付清。楼某某在股东会议上对该决议明确表示反对,并要求以方某某等八名股东与伍某某等三人于 2009 年 4 月 16 日签订的资产转让协议、2009 年 4 月 29 日签订的资产转让补充协议、2009 年 5 月 25 日签订的甲公司股份转让补充协议及甲方应移交乙方的材料中约定的条件行使优先购买权。

楼某某提起诉讼,请求判令:第一,确认楼某某依法行使股东优先权,即以方某某等八名股东与伍某某等三人签订的有关股权转让协议中的权利和义务为同等履行条件,以 8 824 万元价格受让方某某等八名股东 93.09% 股份。

二、裁判结果及理由 ①

本案争议的焦点在于楼某某是否享有优先购买权及同等条件是什么。一

① (2011)民提字第 113 号。一审:(2009)浙金商初字第 27 号。二审:(2010)浙商终字第 27 号。

审法院认定楼某某享有优先购买权,按照资产转让协议、资产转让补充协议、甲公司股份转让补充协议约定的条件行使优先购买权。二审法院、再审法院持相同观点。

(一)一审裁判

楼某某对方某某等8名股东所持有的甲公司的股权享有优先购买权,按方某某等8名股东于2009年4月到5月期间先后签订的资产转让协议、资产转让补充协议、甲公司股份转让补充协议约定的内容行使。理由如下:

《公司法》第七十一条规定了股东优先购买权,方某某等8名股东与伍志红等3人签订股权转让协议,后在某日报以甲公司名义刊登通知,告知方某某等8名股东持有的股份全部对外转让,转让价格为8824万元,并要求楼某某于规定期限内对是否受让8人的股权作出书面答复,楼某某在约定时间内作出答复,表示愿意以资产转让协议及补充协议同等条件受让股份,并向方某某等8名股东邮寄了答复内容,还于同年6月26日在某日报上刊登了其答复的内容。据此,楼某某对方某某等8名股东对外转让的股权依法享有优先购买权。虽然楼某某邮寄的答复通知方某某等8名股东未全部收到,但楼某某又在某日报上刊登了通知,要求行使优先购买权,且方某某等8名股东均未提出过异议,故方某某等8名股东以不知晓楼某某主张优先购买权来加以否认,不能成立。

(二)二审裁判

方某某等8名股东刊登在某日报上的通知是明确的要约行为,楼某某在该通知限定的期限内在某日报上以刊登通知的形式明确表示愿意以该价款受让方某某等8名股东的股份,应认定双方已达成合意。优先购买权是《公司法》规定的有限责任公司股东享有的法定权利,一旦转让股东与股东以外的第三人达成股权转让协议,公司其他股东只要以转让的同等条件行使优先购买权,其将取代第三人的地位,成为股权转让协议的受让方当事人,股权转让股东与第三人签订的相关股权转让协议约定的权利义务继而约束转让股东与行使优先购买权的股东。方某某等8名股东与伍志红等3人签订的资产转让协议及资产转让补充协议约定的付款条件明确,一审判令方某某等8名股东及楼某某按上述协议内容履行,符合《公司法》的规定,应予支持。

(三)再审裁判

方某某等8名股东因转让股权于2009年4月至5月期间先后与伍志红等3人签订3份协议,明确表达了转让股权的意思及转让条件等,但在同年7月6日召开的股东会中,他们在履行征求其他股东是否同意转让及是否行使优先购买权时,隐瞒了对外转让的条件,仅保留了转让价格,对合同约定的履行方式及转让股权后公司债务的承担等予以变更。《公司法》第七十二条规定,股东对外转让股权时应当书面通知股权转让事项,在同等条件下,其他股东有优先购买权。方某某等8名股东在签订对外转让股权合同后,在公司股东会中公布转让股权事项时有所隐瞒,将转让股权款的支付方式,由对伍某某等3人转让合同的先交付1 000万元定金、交付4 000万元的股权转款后办理股权过户,过户完毕后再交付余款等,变更为一次性支付股权转让款;对伍某某等3人转让合同中约定的债务由转让股东方某某等8名股东承担等内容不再涉及。方某某等8名股东在股东会中提出的股权转让条件与他们对伍某某等3人签订股权转让合同约定的条件相比,虽然价格一致,但增加了股权受让方的合同义务和责任。方某某等8名股东的该行为,未如实向公司其他股东通报股权转让真实条件,采取内外有别的方式提高股权转让条件,不符合《公司法》相关规定,有违诚实信用原则。楼某某在自己获悉方某某等8名股东对伍某某等3人的股权转让合同后,坚持明确主张按方某某等8名股东对伍某某等3人转让合同的条件行使优先购买权,系合理主张共有权益人的权利,符合《公司法》的规定,楼某某的主张应获得支持。

三、法理与争鸣

有限责任公司股东优先购买权制度的立法目的在于维护公司的人合性,同时兼顾保护转让股东及外部受让股权的第三人的利益。"同等条件"是股东行使优先购买权的实质要件,该要件的设计与适用需要平衡其他股东、转让股东及第三人之间的利益,既要保护公司的人合性,又要保障股权的正常流转。

(一)关于"同等条件"认定的不同观点

《公司法》第七十一条仅规定了其他股东行使优先购买权应当符合"同等条件",并没有对"同等条件"的具体标准作进一步解释,造成了诸多争议。

实践及理论中有"绝对同等说""相对同等说""折中说"三种观点。"绝对同等说"认为优先购买权人认购的条件应与第三人绝对相同和完全一致。"相对同等说"认为优先购买权人购买条件与第三人条件大致相等即为"同等条件",因为"同等条件"是个含义复杂的概念,可能因实践中不同的订约模式、不同的股东支付能力和不同的人际关系而有所不同,因而实务操作中不能僵化理解。①"折中说"认为"绝对同等说"过于严苛,而"相对同等说"伸缩性过大不利于操作,继而提出"同等条件"应当主要指的是价格条件,即不要求合同条款完全相同,但价格条件应当相同,除价格条件外,当支付方式从根本上影响到出卖人的基于合同所应当获得的利益时,支付条件也应作为同等条件的确定标准。至于其他交易条件,只要没有从根本上影响到出卖人的利益,就不属于"同等条件"。②

正是由于《公司法》第七十一条仅有"同等条件"寥寥四个字,才产生了如上争议。实践中急剧增多的纠纷使得《公司法司法解释(四)》中的相关条款应运而生,该司法解释第十八条对这个问题给出了方向性的指导,即应当考虑与转让股权有关的价格、数量、支付条件等因素。可见,最高人民法院采纳了"相对同等说"的观点。因为"绝对同等说"过于严苛,并且,一旦转让股东与第三人约定其他股东无法履行的义务,就可以轻易规避优先购买权。此外"折中说"与"相对同等说"并没有实质区别,"折中说"只是将"相对同等说"进一

---

① 叶林. 公司法研究 [M]. 北京:中国人民大学出版社, 2008:228.

② 杜万华. 最高人民法院公司法司法解释(四)理解与适用 [M]. 北京:人民法院出版社, 2017:397.

步具体化。实际上,要求两个合同的内容绝对等同在很多情况下是不可能的,甚至会架空优先购买权制度的立法目的。总之,在判断是否具足"同等条件"时,应当以第三人的给付为基本条件,同时结合每个交易的具体情况综合考量,以实现转让股东、第三人、其他股东之间的利益平衡。

(二)认定"同等条件"的考量因素

《公司法司法解释(四)》第十八条从一般性条件入手,给出了通常情况下应当考虑的一些内容作为引导,该条款所列举的因素应为示例性列举而非穷尽列举,相对实践中股东优先购买权复杂多变的交易行为和争议纠纷,该规定仍显得过于简单,在某些方面依然存在争议。

1. 价格要素

价格条款是股权转让合同的核心条款。原则上,其他股东行使优先购买权时支付的价格至少应当与第三人的价格相同。然而,实践中股权转让合同中的价款往往会附加诸多因素,比如非股东受让人承诺向公司注资、履行公司负担的债务、为公司提供担保,或者转让股东与第三人之间有亲属关系,鉴于实际存在的这些复杂因素,同等条件中的价格不能简单地等同于合同直接约定的金额。如果附加条件可以折算成具体的金额,其他股东就可以支付股权转让合同中价格与折算成的金额之和,作为行使优先购买权的"同等价格条件"。

当双方对股权转让价格产生争议时,能否通过包括法院在内的第三方评估确定,立法对此没有明确规定,学界也有支持[①]与反对[②]两种观点。如果因为价格的附加条件使双方无法就价格问题达成一致,一方面会影响转让股东顺利转让股权,错失市场机会;另一方面,转让股东与其他股东之间产生矛盾,影响公司的人合性。因此,在这种情况下,如果转让股东确实希望转让股权,就应当允许第三方参与价款评估,规定价格评估程序,尽快解决价格纠纷,既维护了公司的人合性,又能保障股权顺畅流通,使转让股东实现对股权的自由处分。

---

① 陈立斌. 股权转让纠纷(第三版)[M]. 北京:法律出版社,2015:121.

② 陈敦. 论股东优先购买权的行使 [J]. 法律适用,2007(8):47.

2. 股权数量要素

关于其他股东对出让股东的股权能否部分主张优先购买权,《公司法》没有明确规定,学界对此有肯定和否定两种观点。肯定观点认为,股权是可分物,并且公司法以及相关的司法解释对于部分行使优先购买权并没有作出禁止性规定,因而应当允许部分行使优先购买权。否定观点认为,允许其他股东部分行使优先购买权,可能损害第三人和转让股东的利益。因为股东转让的股权中往往蕴含着控制权的附加值,如果允许其他股东部分行使优先购买权,控制权的条件将无法实现,剩余股权的价值会大幅度降低,面临无法出售的窘境,最终转让股东和第三人的利益受损。鉴于有限责任公司的股权的流通性低,没有公开的转让市场,因而否定部分行使优先购买权的观点具有合理性,即购买数量也是"同等条件"的构成要素之一。

3. 支付方式要素

支付方式依据不同的标准有不同的分类。比如,可以分为一次性支付和分期支付,还可以分为现金支付、银行转账等。"同等条件"是否意味着其他股东行使优先购买权的支付方式与转让合同约定的支付方式完全相同?立法没有明确规定。支付方式涉及受让一方的信用,比如转让股东与第三人约定分期付款,是基于转让股东对第三人的资信状况、履约能力进行了充分考察后而约定的条款,优先权股东不一定具备与第三人一样的资信状况、履约能力,因而不能允许优先购买权人也可以分期付款。在本案中,股权转让合同约定的付款方式也是分期付款,但是,几次付款的期限并不长,并且是伴随着股权交付义务的履行而逐步推进,直至完成股权变更手续,这样的分期付款方式与转让股东对第三方的信用无关,纯属保障股权顺利交付的手段而已,可以作为优先权的"同等条件"。总之,对"同等条件"的考量旨在关注该支付方式是否从根本上影响转让股东的利益。

4. 其他转让要素

实践中,股权转让合同除了价格、数量、支付方式等核心合同要素之外,往往会包含一些其他附属要素,比如:向公司提供关键技术、注资、承担债务、增加公司商业机会;约定违约责任;因亲属等身份关系而低价转让价格。衡量这些交易条件时,依然秉承平衡转让股东、其他股东与第三人之间利益的原则,依据能否以价格衡量为标准,能够折算成价格的交易条件,且不影响转让股东利益的,按照折算后的价格行使优先购买权;不能折算成价格的条件,其他股东也无法替代履行的,就不能行使优先购买权。对于因身份关系而低价转让股权的,应当按照股权实际价格行使优先购买权。

总而言之,因实际交易条件的复杂多样,"同等条件"的衡量必须考量诸多要素,但必须坚守维护转让股东、其他股东及第三人利益的基本原则,既维护公司的人合性,又实现转让股东自由处分财产的权利。

(三)"同等条件"立法规定的修订

根据《公司法》第七十一条,如果股权对外转让获得同意,同等条件下,其他股东有优先购买该股权的权利。因而"同等条件"被解释为存续股东行使优先购买权的前提。《公司法司法解释(四)》细化了"同等条件"的判断因素:股权的数量、价格、支付方式等。设置"同等条件"的初衷是保障转让股东从其他股东处获得的收益,不低于从外部第三人获得的收益,力求使其在股权转让自由受到限制的不利情境中获得公平保护。然而,保护公平的立法原意却引发了意想不到的后果。"同等条件"的立法规定是否合理存在重大疑问。

1. "同等条件"的不合理之处

第一,"同等条件"判断困难,徒增股权交易纠纷。《公司法》中优先购买权源自民法理论,自然而然接受了"同等条件"的概念。虽然股权的性质众说纷纭,但股权肯定不同于债权或物权,尤其是有限责任公司股东的股权,其转让条件更为复杂,除价格外,还涉及转让数量、履行期限、付款方式、资金组合、销售市场、职工安置等因素,与传统民法优先购买权中的"同等条件"不可同日而语。因《公司法》没有明确"同等条件"的内涵,实践中引发了诸多纠纷,于是2019年9月的《公司法司法解释(四)》第十八条解释了"同等条件"的判断标准:数量、价格、支付方式及期限等综合因素。然而,因"同等条件"而引发众多纠纷的状况，并没有因《公司法司法解释（四）》的规定而改观，反而有迅速增加的趋势。例如，截至 2022 年 6 月，中国裁判文书网中涉及"同等条件"的文献数量分别如下：2014 年 19 件、2015 年 14 件、2016 年 27 件、2017 年 54 件、2018 年 147 件、2019 年 184 件、2020 年 193 件、2021 年 91 件。

　　第二，"同等条件"增加交易成本。《公司法司法解释（四）》第十七条第二款，转让股东应当以书面或其他能够知悉的方式，将"同等条件"通知其他股东。在股权交易活动中，买卖双方的交易条件需要反复多次磋商才能最终达成，但是，第十七条并没有明确"同等条件"的确定时间。最高人民法院民事审判二庭认为，一方面，只有在转让股东和第三人之间的转让条件确定下来，转让股东将转让条件通知其他股东后，其他股东才能行使优先购买权；另一方面，"同等条件"并非一成不变，当转让股东与第三人之间的交易条件改变时，应当通知其他股东，允许其依据新的条件行使优先购买权。[①] 根据这一解释，"同等条件"下的股权交易可能出现"拉锯"状态：转让股东与第三人之间的交易条件一旦发生变化，就必须通知其他股东，而其他股东根据新条件作出判断，并通知转让股东行使优先购买权，这意味着转让股东与第三人之间的交易条件发生多少次变化，这样的交易程序就会重复多少次。在商事交易实践中，一旦其他股东接受"同等条件"，逐利的敏感性会使转让股东意识到股权价格存在"竞争市场"，于是转身与第三人重新谈判，形成新的"同等条件"，如此循环往复。显然，其他股东和外部第三人，无论哪一方最终成功购入股权，都付出了比正常交易更多的成本，而另一方的多次磋商成本则付之东流。

　　第三，"同等条件"容易引发不诚信行为。为了规避其他股东以"同等条件"购买权转让股权，转让股东可能与第三人恶意串通，签订阴阳合同，约定严苛的交易条件以掩盖真实的交易，从而引发不诚信的交易行为。虽然依据《公司法司法解释（四）》第二十一条，此类虚假行为会被法院认定为无效，其他股东有权按照真实的交易条件购买股权，但是，增加了交易成本，消耗了司法资源。

---

① 最高人民法院民事审判第二庭．公司法司法解释（四）理解与适用 [M]．北京：人民法院出版社，2017：405．

第四，确保转让股东利益最大化立法目的存疑。认为转让股东应当获得最优的转让利益就是公平的观点，其理由是优先购买权作为利益平衡的制度结构，应当关照转让股东的最大经济利益和外部受让人的公平交易权，创造良好的股权流动的外部环境。① 然而，从法律经济学视角来看，在不伤及第三方利益的情况下，股权转让价格本质上是"转让方和受让方之间的利益分配差异，并没有一个层级更高的价值观，支撑着必须最大化出让方或转让方利益。因而，主张赋予出让股东以反悔权，以最大化出让股东利益的观点，无异于使受让股东的福利在很大程度上取决于出让股东是否反悔……凭空创设了出让股东与受让股东之间的代理成本问题，并不具有正当性"②。此外，从组织法的视角而言，"股权处分关涉股东与公司的复杂利益，具有涉他性和组织关联性等显著特征，因而必须跳出契约论的相对狭隘世界，到股权处分背后的公司团体乃至公司所在的社会中去找寻利益平衡"③。因此，无论是法律经济学视角，还是组织法视角，在有限责任公司股权转让中，维持转让股东利益最大化的观点均不具有正当性。假如转让股东能够以公允合理的价格退出公司，其他股东以公允合理的价格受让股权，公司的人合性得到实质性的维护，各方利益也会因而达到一个比较平衡的状态。此外，传统公司法中的股东利益最大化原则已经不被视为唯一的、绝对的价值取向，在股权转让中将转让股东获得最优价款视为公平是不妥当的。股权转让中涉及多方利益主体，立法和实务需要兼顾多种价值取向，对转让股东而言，只要能够以公正合理的价款退出公司，就视为符合公平原则了。

2."同等条件"规定的修订

为了解决股权交易价格问题，可以参考域外立法例的既有经验，设置"股权定价机制"解决双方之间的股价争议。日本《公司法》第144条第2、7款规

---

① 蒋大兴. 股东优先购买权行使中被忽略的价格形成机制 [J]. 法学，2012（6）：74.

② 罗培新. 抑制股权转让代理成本的法律构造 [J]. 中国社会科学，2013（7）：143.

③ 冯果，段丙华. 公司法中契约自由——以股权处分抑制条款为视角 [J]. 中国社会科学，2017（3）：135.

定了优先购买权人与转让股东之间的定价机制：①协商价格；②协商不成的，在法定期限内申请法院决定；③届期不申请的，按照提存的股款转让。[1] 韩国《商法典》第 355 条之 4、之 5 规定，其他股东应当在 10 日内行使优先购买权，股价的确定机制为：①双方协商；②协商不成的，公司指定的会计专家评估；③对会计专家的评估有异议的，请求法院裁定法国。法国《商法典》L223-14 条规定，转让股东与优先购买权人按照法国《民法典》第 1843-4 条规定的定价方式确定价格，即双方无法就转让价格达成一致协议时，由当双方指定的鉴定人确定。如果对指定鉴定人达不成一致协议的，由法庭庭长按照紧急审理程序作出裁决，指定鉴定人确定股权价格。[2] 我国澳门特别行政区的商法[3] 也有类似规定。这些立法例的共同特点有三：①尊重股权交易双方的意思自治；②以股权的公允价值作为交易价格的基本标准，不以保护转让股东的最大利益为目标；③设立司法定价机制，确定标的股权的公允价值。

　　我国优先购买权制度可以借鉴既有的立法例，设置股权定价机制：以双方协商为原则；法定期限内协商不成的，申请法院指定专业人士评估。通过司法介入的股权定价机制，减少转让股东的顾虑，以公允价格为基础促成交易顺利完成，提高交易效率，实现公司的人合性，促进资源优化配置。

第三节　转让股东放弃对第三人转让股权

一、转让股东反悔纠纷

　　乙公司成立于 2012 年 5 月 22 日，注册资本 5 000 万元，2016 年 9 月 16 日，

---

[1] 《日本公司法》第 142 条规定，优先购买权人在向转让股东主张购买的同时，将按照净资产值计算出的股款提存，转让股东或第三人应当在接到提存证明后一周内，将股票提存，未及时存的，优先购买权人可以解除协议。

[2] 罗结珍．法国民法典［M］．北京：北京大学出版社，2010：428．

[3] 《澳门商法典》也有类似规定。第三百六十六条之五规定："一般情况下，公司或股东应当以第三人拟买受的价格够买转让的股权。但是，如果该价格超出了与公司无任何关系的独立核算师对股份进行评估而得出的价格的百分之五十时，公司和股东有权以评估所得的价格加上百分之二十五的价格取得拟转让的股权。"

股东变更为杨某某（持股 60%）、钟某某（持股 34%）和陈某某（持股 6%），分别认缴出资 3 000 万元、1 700 万元、300 万元，认缴期限为 2044 年 4 月 8 日。

2017 年 1 月 18 日，钟某某以短信方式分别向杨某某、陈某某发出通知载明，拟对外转让所持有乙公司 22% 的股权，若二人愿意购买，于 2017 年 1 月 23 日前书面回复。逾期回复视为不同意购买，钟某某将对外转让。陈某某电话回复不愿意购买，杨某某未予回复。2017 年 1 月 20 日，钟某某通过公证方式向杨某某的地址邮寄了关于对外转让乙公司股权的通知，邮件为他人收或单位收发章签收。2017 年 3 月 13 日，钟某某和甲公司约定，将其持有乙公司 33.4% 的股份转让给甲公司。此后，甲公司支付了股权转让款 267.2 万元。钟某某以公证方式向杨某某的户籍地址邮寄了关于限期办理工商变更登记的通知、乙公司股权转让协议、股权转让补充协议，但均非杨某某本人签收。甲公司要求杨某某及乙公司办理股权转让变更登记受挫后，在 2017 年 8 月 18 日与钟某某另行签订股权转让补充协议载明，甲公司已向钟某某支付股本金 267.2 万元，甲公司需另行按受让股权的比例在完成工商登记之日向钟某某支付股权转让溢价款 1 336 万元。

2017 年 9 月 19 日，杨某某向一审法院提起诉讼主张行使优先购买权。

2018 年 1 月 19 日，钟某某与甲公司签订协议书，约定解除 2017 年 3 月 13 日签订的股权转让协议及股权转让补充协议、2017 年 8 月 18 日签订的股权转让补充协议，钟某某将收取的股权转让款返还给甲公司。2018 年 6 月 22 日，甲公司向钟某某出具了收到退回股权转让部分首付款 72 000 元的收条。

对于股权转让协议效力问题以及杨某某的优先购买权行使的意见，一审法院认为，钟某某与甲公司之间签订的股权转让协议、股权转让补充协议构成恶意串通，损害第三人利益，属于无效合同。钟某某在未向其他股东通知"同等条件"的情况下将股权以明显不合理的低价转让给了甲公司，严重损害了其他股东的优先购买权。

钟某某不服一审判决，提起上诉主张撤销一审判决，改判驳回杨某某的全部诉讼请求。主要事实和理由之一就是转让股东在其他股东主张优先购买后又不同意转让股权的,其他股东的优先购买主张不应得到支持。

二、裁判结果及理由①

本案争议焦点虽为股权转让协议的效力及股东优先购买权的行使问题,但这两个问题随着转让股东放弃对第三人转让股权而消失,故本部分内容将重点关注转让股东在其他股东同意行使优先购买权后放弃对外转让的问题。

（一）一审裁判

一审法院认为,钟某某与甲公司先在未通知杨某某"同等条件"的情况下签订了低价的股权转让协议并履行,在杨某某主张优先购买权的情况下又另行签订了高价的股权转让协议,以达到不让公司其他股东购买的目的,双方构成恶意串通,损害第三人利益,其签订的乙公司股权转让协议、股权转让补充协议应属无效。

关于杨某某是否可以按照 267.2 万元的价格行使优先购买权。《最高人民法院关于适用〈中华人民共和国公司法〉若干问题的规定（四）》第二十一条第一款规定:"有限责任公司的股东向股东以外的人转让股权,未就其股权转让事项征求其他股东意见,或者以欺诈、恶意串通等手段,损害其他股东优先购买权,其他股东主张按照同等条件购买该转让股权的,人民法院应当予以支持,但其他股东自知道或者应当知道行使优先购买权的同等条件之日起三十日内没有主张,或者自股权变更登记之日起超过一年的除外。"钟某某以公证方式向杨某某邮寄了关于限期办理工商变更登记的通知、乙公司股权转让协议、股权转让补充协议,均非本人签收,不能证明钟某某向其告知过"同等条件",且通知的目的并非告知"同等条件",而是要求配合办理股权变更登记。8 月 31 日,杨某某收到起诉状副本,此时知道或者应当知道行使优先购买权的同等条件。杨某某于 2017 年 9 月 19 日向一审法院提起诉讼主张行使优先购买权,未超过法定期间,法院予以支持。

---

① （2018）川 01 民终 10505 号。

（二）二审裁判

关于钟某某主张其已与甲公司解除股权转让协议，有权行使"反悔权"，故而杨某某无权主张行使优先购买权的问题。二审法院认为，《最高人民法院关于适用＜中华人民共和国公司法＞若干问题的规定（四）》第二十条关于"有限责任公司的转让股东，在其他股东主张优先购买后又不同意转让股权的，对其他股东优先购买的主张，人民法院不予支持"的规定，是适用于转让股东放弃转让股权的情形，目的是保护有限责任公司的人合性。因为在转让股东"又不同意转让股权"时，可以达到阻止外部人进入公司的目的，故允许转让股东反悔，不再赋予其他股东过多的权利。本案中，从钟某某上诉状所附通知书内容可知，虽然钟某某解除了与甲公司的股权转让协议，但钟某某并没有放弃转让股权的意思表示，而是在一审法院判决支持杨某某按同等条件行使优先购买权的情况下，以行使"反悔权"的名义，将股权转让价款提高至原协议约定价款的 15 倍继续对外转让股权，以此来阻止杨某某等其他股东行使优先购买权。钟某某的行为既不符合该条规定的情形，也有违诚实信用原则，其所谓行使"反悔权"的主张，不应得到支持。因此，钟某某关于杨某某不能行使优先购买权的上诉理由不能成立。

三、法理与争鸣

基于有限责任公司股东之间的信赖关系对公司存续发展的决定性作用，《公司法》设计了优先购买权制度，以阻止不受欢迎的人进入公司，通过这种限制股权自由转让的方式维持公司的人合性。实践中，转让股东为了抵制其他股东的优先购买权，常常在其他股东主张优先购买权后，放弃向外部人转让股权。对于转让股东能否放弃转让的问题，学界和实务界有肯定和否定两种截然相反的态度。《公司法司法解释（四）》第二十条允许转让股东"反悔"，放弃对外转让股权。由于该条款没有规定股东反悔的适用条件，司法适用中产生了分歧：一是无条件适用，二是有条件适用。例如本案中法院认为股东反悔违背了守诚信原则，不支持转让股东放弃对外转让，其他股东可以行使优先购买权。此外，对于股东反悔条款的正当性,学界也有诸多争议。

(一)肯定转让股东"反悔"条款正当性的观点及理由

第一,转让股东"反悔"不影响公司的人合性。"从优先购买权的立法宗旨和行权基础看,优先权的功能仅在于防止外部人进入而影响公司的封闭性……当转让股东撤销转让意思,终止股权转让时,公司的封闭性已不复受到影响。"[①] "从立法目的和利益衡量的角度分析,转让股东的反悔权与股东优先购买权维护有限公司人合性的立法目的没有冲突。"[②] 这一理由也是《公司法司法解释(四)》第二十条的规范目的,成为支撑"反悔条款"合理性的首要基础。

第二,"反悔条款"能够实现股权转让关系中的利益平衡。《公司法司法解释(四)》对转让股东"反悔"的规范设计充分兼顾了转让股东的股权转让自由和对其他股东的信赖保护,在私法自治和信赖保护的推拉中,实现了利益平衡。[③]

第三,转让股东"反悔"实则"不转让自由",是对合同自由原则的尊重,契合私法自治精神。股权是《民法典》所规定的财产权中的一类,财产权的自由处分是近现代民法的基本原则,过分限制股权转让自由与民法基本原则相悖。[④] 股权转让自由包括是否转让股权以及转让对象、时间、数量、价格五个方面,转让股东"反悔"的实质是不转让股权,就是在演绎"不从事某种民事活动"的自由,是股权自由转让的内容之一。优先购买权行使和实现的前提是股东自愿转让股权,在股东改变转让意愿,放弃转让时,不能硬性强求其转让,否则会背离民事行为自愿、合同自由的民商法基本原则。

---

① 何涛. 有限责任公司股东优先购买权的性质研究 [J]. 东南大学学报:哲学社会科学版,2019(6):23.

② 赵旭东,衣小慧. 股东优先购买权中转让股东"反悔权"的证成与构建 [J]. 国家检察官学院学报,2021(2):42.

③ 于莹. 股权转让自由与信赖保护的角力——以股东优先购买权中转让股东反悔为视角 [J]. 法制与社会发展,2020(2):179.

④ 于莹,刘赫男. 转让股东"反悔"中的规范秩序 [J]. 社会科学战线,2020(7):199.

（二）对转让股东"反悔"条款的质疑

1. 转让股东"反悔"不能充分维持公司的人合性

因为股东之间信赖关系的存在，才形成了公司发起设立、股东成员人数有限、成员变动受限等有限责任公司的封闭性，以及公司独立人格与股东人格二元结构之间的模糊性，大多数股东参与公司经营管理，所有与经营具有同一性。① 显而易见，公司"成员结构稳定"对公司人合性的维持至关重要。转让股东反悔的结果是维持了股东成员结构的稳定。但是，不能因此推演出这样的结论：公司成员结构稳定的公司一定是人合性得以维持的公司。有限责任公司的所有与经营不分，众多经营决策和执行离不开股东之间的和睦关系，一旦股东之间出现嫌隙，彼此之间丧失信任的基础，在公司经营决策时将难以达成共识，公司经营关系变得极为复杂，随之而来的就是公司经营危机，甚至出现公司僵局。支持转让股东"反悔"只是阻挡了外部人加入公司，表面上维持了股东之间的人合性。实践中，大部分纠纷是因其他股东主张优先购买权而引发的，转让股东和其他股东围绕标的股权优先购买问题剑拔弩张，对战于法庭，股东之间的感情已不复存在，公司设立之时的亲密、信赖、和睦关系早已随着诉讼程序消磨殆尽。所谓"反悔条款"能够维护公司人合性的说法，只能是一个假说，在复杂的股权交易实践中终究只是规则制定者的良好愿景而已，转让股东"反悔"终究无法有效地维持股东之间的实质信任关系。

2. 转让股东"反悔"无法达到平衡股权交易中利益关系的目的

允许转让股东在其他股东主张优先购买后又放弃转让股权，可能会给其他股东造成一定损失，《公司法司法解释（四）》第二十条规定其他股东可以主张转让股东赔偿其合理损失。这一规范设计充分兼顾了转让股东的股权转让自由和对其他股东的信赖保护，赔偿其他股东信赖损失的转让股东的反悔因此具有了正当性，在私法自治和信赖保护的推拉中实现了平衡。② 在支持者看来，股

---

① 林承铎. 有限责任公司股东退出机制研究 [M]. 北京：中国政法大学出版社，2009：26-27.

② 于莹. 股权转让自由与信赖保护的角力——以股东优先购买权中转让股东反悔为视角 [J]. 法制与社会发展，2020（2）：179.

东反悔所涉及的利益主体仅限于转让股东和其他股东。然而,转让股东"反悔"除了直接影响转让股东的"交易自由"与其他股东的"交易安全"之外,还与公司利益、社会公共利益有着极为密切的关联。首先,与公司利益有关。转让股东"反悔"不能真正实现股东之间的人合性,已经产生龃龉的转让股东与其他股东之间的对立关系,必然对公司的经营决策带来负面影响,甚至出现公司僵局,作为独立主体的公司利益将因此遭受重大损害。其次,与社会公共利益有关。法院依据《公司法司法解释(四)》第二十条支持转让股东的"反悔",其他股东还可以要求转让股东赔偿其合理损失。如果其他股东因要求赔偿损失而产生纠纷,从程序上讲,应当另行提起诉讼,甚至还会引发同类纠纷的系列诉讼,占用了有限的社会司法资源。

3. 转让股东"不转让自由"应当受到商法理念的限制

第一,"不转让自由"受限于商事组织法的逻辑。股权并非单纯的财产权,与物权、债权不同,以调整财产关系为核心的《合同法》无法单独规范具有涉他性和组织关联性的股权转让关系,应当跳出合同法的狭隘范围,回归团体法领域,遵循团体法的逻辑调整股权转让关系。若一味地强调合同自由的民法自治精神,赋予转让股东"不转让"的"绝对自由",转让股东就可以随时随地、任意"反悔",合法地"滥用权利",将优先购买权规则视为儿戏,优先购买权制度几乎被"虚置"。《公司法》的组织法逻辑因优先购买规则被虚置而崩塌,维持团体秩序稳定的目标变得遥不可及。商法上的组织交易至少具有交易涉他性和关系性以及合意的复杂性,分别体现出对一般契约交易的相对性、简单功利交换和一对一"合意"内涵的突破。由于无法实现对交易的足够尊重,商事交易领域单一的合同法解释是不完整的或者有漏洞的,应当警惕合同自由主义的滥用。①

第二,"不转让自由"受限于商事效率原则。允许转让股东"反悔"能够实现交易一方"不转让自由"的民法自治精神,但造成了缔约成本的浪费、交易无

_____

① 冯果,段丙华.公司法中契约自由——以股权处分抑制条款为视角[J].中国社会科学,2017(3):135.

效率、公司经营管理的龃龉、司法资源的占用等负面效果。股权转让属于商事交易事项,应当将其置于特别法的商法语境之中,运用商法逻辑进行探讨才有价值和意义。民法与商法、民事合同与商事合同的思维、理念存在明显差异。"民法逻辑看重的是单个交易对于双方主体实体性的公平或平等,较少考量整体交易机制……通过寻求个体的'绝对公平'来实现社会的'整体公平';而商法思维却是以整个商业社会的整体交易规则为保护对象……强调交易本身的效率、迅捷和安全……商法思维存在的逻辑前提是在整个交易机制效率的考量下兼顾个体的公平,其特征是通过寻求商业社会的'整体公平'来实现个体的'相对公平'。"① 显然,允许股东"反悔",保护其"不转让自由"的规范设计仅仅关注到了交易双方的公平,并未考虑股权交易效率、公司经营管理效率、社会资源优化配置效率等整体交易机制的公平。

总之,允许转让股东"反悔"的两个主要理由——"人合性"和"利益平衡",似乎无法牢固地支撑起股东"反悔"的正当性,滥用"反悔"的实践结果更是不尽如人意。反而,禁止股东"反悔"的措施更能维系股东之间的人合性,平衡相关利害关系(如表 1 所示),符合商法理念。

---

① 郑彧. 民法逻辑、商法思维与法律适用 [J]. 法学评论,2018(4):84.

表 1　支持或禁止股东"反悔"时相关利害关系比较

选择保护对象	结　果			
	转让股东的利益	其他股东的利益	公司的利益	社会公共利益
支持"反悔"	交易自由受到保护 √	①获得标的股权的期待落空 × ②可能受到排挤 × ③合理损失获得救济 √	人合性不稳定 ×	增加诉讼几率 ×
禁止"反悔"	交易对象受限制 × 交易条件不变（股款不受损）√	①获得标的股权 √ ②不会受到排挤 √ ③无合理损失产生 √	人合性得以维持 √	诉讼数量不变 √

（注：表中的√表示正面结果；×表示负面结果。本表借用了"利益衡量"的图示方法）

第四节　章程限制股权转让

一、章程限制股权受让对象纠纷

甲公司成立于 1990 年 4 月 5 日。2004 年 5 月，甲公司由国有企业改制为有限责任公司，宋某某系甲公司员工，出资 2 万元成为甲公司的自然人股东。甲公司章程第三章"注册资本和股份"第十四条规定"公司股权不向公司以外的任何团体和个人出售、转让。公司改制一年后，经董事会批准后可在公司内部赠予、转让和继承。持股人死亡或退休经董事会批准后方可继承、转让或由企业收购，持股人若辞职、调离或被辞退、解除劳动合同的，人走股留，所持股份由企业收购……"，第十三章"股东认为需要规定的其他事项"下第六十六条规定"本章程由全体股东共同认可，自公司设立之日起生效"。该公司章程经甲公司全体股东签名通过。

2006 年 6 月 3 日，宋某某向甲公司提出解除劳动合同申请，并于同日手书退股申请，提出"本人要求全额退股，年终盈利与亏损与我无关"。2006 年 8 月 28 日，经甲公司法定代表人赵某某同意，宋某某领到退出股金款 2 万元整。2007 年 1 月 8 日，甲公司召开 2006 年度股东大会，大会应到股东 107 人，实到股东 104 人，代表股权占公司股份总数的 93%，会议审议通过了宋某某、王某某、杭某某三位股东退股的申请并决议"其股金暂由公司收购保管,不得参与红利分配"。

后来宋某某提起诉讼,请求依法确认其具有甲公司的股东资格,理由如下。①甲公司回购其股份不符合《公司法》第七十四条规定的三种情形,而本案中申请人与被申请人之间的股权收回行为仅仅是由董事长一人签字即完成退股,不存在与公司达成一致的协议,甲公司自2006年6月回购股份至本案诉讼,宋某某的股份并未依法转让或注销,工商登记信息中宋某某仍被登记为甲公司的股东。②甲公司强行收回宋某某股份的行为属于公司抽逃出资的行为,违反公司法的禁止性规定。③甲公司的公司章程中关于"人走股留"的规定,违反了公司法的禁止性规定,不属于公司自治的范围。

二、裁判结果及理由

本案争议焦点为甲公司的公司章程中关于"人走股留"的规定否有效。一审①、二审②、再审③法院均驳回了宋某某的请求。

(一)关于"人走股留"的章程规定的效力问题

第一,关于甲公司章程第十四条中"人走股留"的规定,依照《公司法》第二十五条第二款"股东应当在公司章程上签名、盖章"的规定,有限公司章程系公司设立时全体股东一致同意并对公司及全体股东产生一致约束力的规则性文件,宋某某在公司章程上签名的行为,应视为其对前述规定的认可和同意,该章程对甲公司及宋某某均产生约束力。

第二,基于有限责任公司封闭性和人合性的特点,由公司章程对公司股东转让股权作出某些限制性规定,系公司自治的体现。在本案中,甲公司进行企业改制时,宋某某之所以成为甲公司的股东,其原因在于宋某某与甲公司具有劳动合同关系,如果宋某某与甲公司没有建立劳动关系,宋某某则没有成为甲

---

① (2014)碑民初字第01339号。

② (2014)西中民四终字第00277号。

③ (2014)陕民二申字第00215号,最高人民法院指导案例第96号。

公司股东的可能性。同理,甲公司章程将是否与公司具有劳动合同关系作为确定股东身份的依据继而作出"人走股留"的规定,符合有限责任公司封闭性和人合性的特点,亦系公司自治原则的体现,不违反公司法的禁止性规定。

第三,甲公司章程第十四条关于股权转让的规定,属于对股东转让股权的限制性规定而非禁止性规定,宋某某依法转让股权的权利没有被公司章程所禁止,甲公司章程不存在侵害宋某某股权转让的情形。综上所述,本案一审、二审法院均认定甲公司章程不违反《公司法》的禁止性规定,应为有效的结论,宋某某的再审申请理由不能成立。

(二)关于甲公司回购股权行为的效力问题

《公司法》第七十四条所规定的异议股东股权回购请求权具有法定的行使条件,即只有在"公司连续五年不向股东分配利润,而公司该五年连续盈利,并且符合本法规定的分配利润条件的;公司合并、分立、转让主要财产的;公司章程规定的营业期限届满或者章程规定的其他解散事由出现,股东会会议通过决议修改章程使公司存续的"三种情形下,异议股东有权要求公司回购其股权,对应的是公司是否应当履行回购异议股东股权的法定义务。而本案属于甲公司是否有权基于公司章程的约定及与宋某某的合意而回购宋某某股权,对应的是甲公司是否具有回购宋某某股权的权利,二者没有相同之处,《公司法》第七十四条不能适用于本案。在本案中,宋某某于 2006 年 6 月 3 日向甲公司提出解除劳动合同申请并提交退股申请,该退股申请应视为其真实意思表示。甲公司于 2006 年 8 月 28 日退还其全额股金款 2 万元,于 2007 年 1 月 8 日召开股东大会审议通过了宋某某等三位股东的退股申请并决议"其股金暂由公司收购保管,不得参与红利分配",甲公司基于宋某某的退股申请,依照公司章程的规定回购宋某某的股权,程序并无不当。另外,我国《公司法》所规定的抽逃出资专指公司股东抽逃其对于公司出资的行为,公司不能构成抽逃出资的主体,宋某某的此次再审申请理由不能成立。

三、法理与争鸣

股权转让自由是公司法上的基本原则之一,但是,在有限责任公司中,股东之间的信赖关系对公司的运营、存续有着极其重要的影响,因而对股东转让股权进行限制成为各国公司立法的普遍选择。我国《公司法》第七十一条设计了四款有限责任公司股权转让限制的基本规定,前三款明确了股权对内对外转让的法定程序与条件,第四款规定"公司章程对股权转让另有规定的,从其规定"。前三款是涉及股权转让的法定限制,第四款是章程自治限制。章程对于股权对外转让进行合理限制则是公司意思自治的典型表现,而公司自治是现代公司法的精神内核。允许股东通过章程自治的形式,设计股权转让的条件和程序,有利于满足不同公司的不同需要,避免大股东滥用资本优势或控制地位,维护中小股东的合法权益,维持公司持续、稳定、健康发展,有利于实现股东和公司利益的平衡,维持市场秩序。由于第七十一条第四款的规定比较概括、模糊,公司法学界与实务界对"章程限制股权转让的效力"产生了种种解读与理解。

(一)初始章程和章程修订案的不同效力

有学者主张将章程规定区分对待,一方面区分初始章程和章程修订案,另一方面区分章程的程序性规定和有关股东处分权的规定。初始章程在公司初创阶段由全体股东合意共同订立,既具有团体自治规范的性质,又具有一般的合同性质,其中限制股权转让的条款自然对所有股东具有约束力,只要相应限制不违反法律的强制性规定。因此,初始章程对于股权转让程序和股权处分权均可以"另有规定";而章程修订案则有所不同,章程的修订过程依赖于资本多数决,其自治规范的性质毋庸置疑,其中程序性限制的部分对于反对章程修订案的股东来说,并不能从实质上影响其处分股权的关键权利,此时尊重章程这一自治规范仍然具有一定正当性,但当"另有规定"影响到股权处分权则有失正当性,此时若坚持"从其规定"必定会对并不同意章程修订案的股东带来不利。[1] 对此,有学者甚至主张:未经全体股东一致同意,不得以修改公司章程限

---

[1] (2014)陕民二申字第 00215 号,最高人民法院指导案例第 96 号。

制股权转让。不仅如此,对于既已设立的股权转让限制条款,也不能依修改公司章程的一般程序修改,而应得到全体股东的一致同意。①

就学界与实务界的情形来看,基于股东之间的合意与公司人合性理论,初始章程或全体股东一致同意修改的章程具有合法性,被大多数人所接受。然而,合同的有限理性与不完全性在股权转让领域恰恰成为股东人合性的障碍。首先,合同无法对所有事项作出规定,且随着时间的推移,某些已经规定的事项会不合时宜。其次,股东在公司成立初期时的信任气氛比较浓厚,通过合意限制股权转让维持公司的人合性,既是当时情形下的实际需要,也是投资者之间的理想。正因为如此,在制定章程时,股东往往低估设定的股权转让限制条款在以后对人合性的负面影响,因而需要合法、合理地进行司法审查。

有学者建议司法审查章程条款的效力时,可以借鉴美国普通法上的"合理性"标准,即公司章程中规定的股权转让条件不能超出股东的合理预期,不能对公司的人合性造成严重损害,同时也禁止利用股东优先购买权使股权难以自由转让。据此,提出我国的司法审查标准:第一,公司是否具有人合性,且在何种程度上具有人合性;第二,公司是否需要通过限制转让以维护人合性;第三,公司选择的限制股权转让的手段与人合性之间是否符合比例。②

(二)依据章程条款的内容进行判断

不同的公司往往根据各自的具体情况,在章程中针对股权转让,规定内容不同的限制条件和程序,概括归纳一下,各类限制内容大致可以归为以下几类:禁止股权转让、限制股权受让对象、限制股权转让价格及符合一定情形时的强制股权转让。

1. 关于禁止股权转让的规定

关于公司章程可否禁止股权转让,学界观点不一,主要可以分为对立的两大类:禁止转让条款有效说和无效说。

第一,基于章程自治,经过合法程序的禁止转让的章程条款具有效力。首

---

① 钱玉林. 公司章程对股权转让限制的效力 [J]. 法学,2012(10):108.

② 王建文. 有限责任公司股权转让限制的自治边界及司法适用 [J]. 社会科学家,2014(1):91.

先,禁止转让是对作为私权的股权的处分,在不损害他人及社会公共利益的前提下,通过股东之间的意思自治放弃转让股权,应当是有效的。其次,禁止股权转让的章程规定不会影响股东行使其他权利,否则,股东可以通过股权回购、公司僵局等相关规定,退出公司以维护自身利益。因而,"除非公司章程在制定程序和内容上存在法定无效或可撤销的事由,否则股东应当受其约束,如此才能保障公司的正常运行……"①。

第二,基于对股东权益的维护,不得绝对或实质禁止股权转让。有学者认为,"公司章程对股权转让的限制违背《公司法》关于股东间自由转让出资的基本原则。如果公司章程禁止股权转让或者通过其他限制措施导致股权无法转让,会侵犯股东的基本权利,可能构成无效条款"②。"公司章程虽未直接规定禁止股权转让,但通过其他条件和程序的设置,使股权转让不能实现的,属于变相禁止股权转让,应认定无效。"③完全禁止股权转让侵犯了股东的退出权和财产自由权。如果小股东不能自由退出公司,就会受大股东的压迫,既无法全面维护小股东的权益,也不利于公司人合性的维护。绝对禁止股权转让意味着股权不能流通,违背股权转让自由原则。

2. 限制股权受让对象

章程限制受让对象的情形一般有:拟转让股权只能由其他股东收购、受让人具有特定资质等。这种限制一般认为是有效的,本案为此类限制转让的典型判例。但是,在某些特殊情况下,限制条款的效力可能遭到质疑,例如,章程规定职工退股时,应当将股权转让给工会,或者转让给机关法人、事业单位法人等不允许从事营利活动的主体④,这样的受让主体不属于合法的受让人,限制的条款很难被认定为有效。此外,《中华人民共和国商业银行法》《中华人民共和国证券法》等对商业银行、证券公司及其从业人员也都有相应的限制。实践中,比较常见的是如本案一样,由公司回购股权,由此产生公司回购行为是否合法

---

① 楼秋然. 股权转让限制措施的合法性审查问题研究 [J]. 政治与法律, 2019 (2):147.

② 刘康复. 论有限责任公司章程对股权转让的限制 [J]. 湖南社会科学, 2009 (4):66.

③ 冯果. 公司法(第三版)[M]. 武汉:武汉大学出版社, 2017:174.

④ 郑云瑞. 公司法学 [M]. 北京:北京大学出版社, 2016:138.

的问题。判断章程规定是否合法的关键在于,公司的回购行为是否违反资本维持原则。

3. 限制股权转让价格

通过章程限制股权转让价格也是比较常见的限制形式,有的规定转让价格的上限,有的规定以出资额为转让价格等。一般情况下,根据章程自治原则,应当承认此类章程条款的效力。但是,如果章程规定的价格或计算估价的方式严重背离股权的真实价格,就会存在损害股东财产权的嫌疑,因资本多数决原则的治理范式,中小股东即使不满意章程的规定,也只能接受,显然有失公平,因此法院作为居中裁判者可结合具体情况作出无效认定,从而使股权转让双方可以独立确定合理的定价。[①] 本案中,股权转让价格为出资时的金额,双方也未对股权转让价格产生争议,我们无从知悉该转让价格是否合理。不过,如果双方对章程规定的转让价格或价格确定方式有争议,法院也应当本着公平合理原则进行审查。

4. 符合一定情形时的强制股权转让

公司章程规定,当出现一定情形时,股东必须转让其持有的股权。实践中出现频率较高的"一定情形"是股东离任或辞职,通过强制回购离职股东股权,实现限制股东成员范围和维护公司的人合性的功能。在类似案件中,离职股东的股东身份是基于职工身份而获得的,一旦这种身份上的联系不复存在,就不再具备股东资格。本案判决也持同样的观点,如果当事人与涉案公司没有建立起劳动关系,就不会有成为公司股东,维护公司人合性的具体措施之一便是排除非职工第三人加入股东的队伍。除此之外,也有学者从经济效益的角度出发,认为有限责任公司在章程中约定强制回购离职股东股权,在没有违反法律中的强制性规定和社会公共利益的前提下对公司发展有着积极意义,能够对职工产生投身于企业经营的激励效果,增强公司的凝聚力。[②] 大多数观点对强制离职

---

① 人民法院出版社法信编辑部. 股权转让纠纷司法观点与办案规范 [M]. 北京:人民法院出版社,2017:16.

② 廖宏,黄文亮. 有限责任公司股权转让法律问题研究 [J]. 南昌大学学报:人文社会科学版,2010(S1):19.

股东转让股权的章程规定的效力持宽容态度。当然,也有否定观点认为,股权是既包含财产权又包含人身权的一种特殊权利,在持股股东不同意的情况下,财产权只能通过股权转让协议或法定强制执行程序进行转让,公司无权以章程、决议等形式进行限制或剥夺。①

总之,因《公司法》第七十一条的规定比较原则,实践中通过章程限制股权转让的情形多种多样,就第一逻辑层面而言,有初始章程的限制和后续修改的章程的限制的分别;就第二逻辑层面而言,有针对股权转让中不同要素的限制,比如受让主体、价格、事由。归纳各类观点可以看出,支持章程限制有效的观点,其主要理由就是将依据多数决原则形成的章程视为股东之间的合意,对所有股东具有约束力;否定观点则从维护股东个体权益的角度出发,不赞成对股权转让中的某些要素进行限制。

其实,有限责任公司章程限制股权转让条款的合法性问题,关键是在公司的人合性和股东的股权转让自由之间求取平衡,在作为组织的公司利益与作为个体的股东的权益之间维持平衡。这是判断章程限制股权转让条款的效力的基本原则。又因为公司的性质、目的、规模等差异非常大,同样的限制条款对不同公司的人合性及股东权益的影响可能并不相同,比如在餐饮公司中,个别普通职工离职与否,对公司的人合性并没有太大影响,但是,在以股东的技术为存续基础的公司中,掌握技术的股东离职和没有技术的新人加入公司,都会给公司的人合性带来巨大影响。因此,对于章程限制股权转让条款的效力,不能简单、粗暴地采取非此即彼的判断方法,应当依据利益衡量原则,具体案件具体考量。

第五节　股权让与担保的效力

一、股权让与担保效力纠纷②

2013 年 5 月 7 日至 2014 年 6 月 11 日期间,(出借人)刘某某与(借款人)

---

① 赵莉. 公司章程限制股权转让的合理性审查 [J]. 法学杂志, 2012 (9): 97-102.

② 吴建斌,赵屹. 有限公司收购设限股权效力解析 [J]. 社会科学, 2009 (4): 91.

甲公司签订 8 份借款合同,约定借款金额为 8.75 亿元。乙公司按照合同约定,已实际支付 8.75 亿元。后刘某某通过债权转让的方式受让对甲公司的债权 1.4 亿元、债务转让的方式享有对甲公司的债权 65 万元。2016 年 6 月 16 日,刘某某分 9 笔向甲公司汇款 43 594 471.52 元。

2014 年 6 月 13 日,刘某某与甲公司约定,丙公司向刘某某借款 447 159 452.22 元,因无力偿还,2014 年 6 月 16 日双方办理了股权变更转让手续,甲公司将所持丙公司 100% 股权转让给刘某某,双方约定签订该股权转让的目的是以股权转让的形式保证刘某某债权的实现,督促甲公司按约定偿还刘某某借款及利息。后因甲公司无力还款,刘某某、甲公司、丙公司分别于 2014 年 6 月 13 日、2015 年 8 月 13 日达成补充协议,对借款问题和丙公司股权事宜进行了明确约定:甲公司向刘某某借款 447 159 452.22 元,同时收到刘某某阶段性受让丙公司 100% 股权款 43 594 471.52 元。甲公司同意以丙公司 100% 的股权及资产抵债;鉴于双方已办理了股权转让变更手续,双方一致确认该股权变更有效,不需要再次履行变更手续;双方共同选定资产评估机构对丙公司资产进行评估,并约定,丙公司资产价值的确定以评估机构的评估价为基础,上下浮动不超过 5%,由双方协议确认。若 1 年内甲公司(甲方)不能出售房产清偿对刘某某(乙方)的借款,由中介机构对丙公司可变现资产进行评估,甲公司按评估价值下浮最低不超过 5% 出售房产清偿乙方借款,多余部分归甲公司。本协议生效后,甲公司将丙公司 100% 的股权转让给乙方,刘某某享有的相应数额债权得以抵销,刘某某依法享有丙公司股东全部权利义务。

2014 年 6 月 20 日,刘某某与甲公司签订协议书约定:甲公司向刘某某借款本息合计 723 606 136.82 元。因无力偿还,甲公司同意将其持有翠宏山公司 64% 股权转让给刘某某,签订该协议目的是以股权转让的形式来保证刘某某债权的实现,当投入翠宏山公司的借款本息 723 606 136.82 元、投入丙公司 490 753 923.74 元及甲公司借款 1 亿元全部还清时,刘某某应将受让翠宏山公司的股权份额全部转回。后甲公司与刘某某签订股权转让协议,并办理了工商变更登记手续。2015 年 8 月 13 日,甲公司与刘某某签订补充协议书约定,如甲公司不能还清债务,刘某某有权对外出售翠宏山公司股权,出售价格以评估价格为基础下浮不超过 10%;出售股权比例变现的额度,不得超过未清偿借款本息。

乙公司与刘某某签订股权代持协议,约定由刘某某代乙公司持有翠宏山公司 64% 股份(7.23 亿元)、丙公司 100% 股份(4.9 亿元)及以刘某某名义对甲公司欠甲方 1 亿元借款进行法院登记执行保全。刘某某为名义持有人并愿意接受乙公司的委托代为行使该相关股东权利及权益,乙公司为代持股份的实际出资人。

另外,黑龙江省伊春市中级人民法院于 2018 年 6 月 11 日作出(2018)黑 07 破申 1 号民事裁定,受理甲公司重整申请。

刘某某认可本案借款的实际权利人均为乙公司,且本案款项亦存在由乙公司支付的情形,乙公司有权主张权利。

乙公司与甲公司之间因借贷、股权转让与担保等事项产生纠纷。

二、裁判结果及理由 [①]

本案最大的争议点是刘某某所持翠宏山公司、丙公司股权的性质及效力,乙公司是否有权就该股权优先受偿。对此,一审和二审法院作出了不同的裁判。

(一)一审裁判

乙公司无权就刘某某持有翠宏山公司 64% 股权优先受偿。因协议书约定以股权转让的形式保证刘某某债权的实现,刘某某没有实质持有该部分股权的意愿。据此可以确认,双方签订该合同的真实目的并非真正实现股权转让,而是为了对案涉债务提供担保。但根据物权法定及物权公示的原则,其不具有物权效力,亦不具有对抗第三人的效力。同时,因甲公司与刘某某之间没有真实转让翠宏山公司 64% 股权的意思,案涉翠宏山公司 64% 股权的实际权利人

① (2019)最高法民终 133 号。

仍为甲公司。另外,因黑龙江省伊春市中级人民法院已于 2018 年 6 月 11 日受理了甲公司的重整申请,根据《破产法》第十六条关于"人民法院受理破产申请后,债务人对个别债权人的债务清偿无效"的规定,如乙公司以翠宏山公司 64% 股权优先受偿,视为对个别债权人的债务清偿,故驳回乙公司关于以翠宏山公司 64% 股权优先受偿的诉讼请求。

（二）二审裁判

二审法院撤销了一审判决;判决乙公司对刘某某持有的翠宏山公司 64% 股权折价或者拍卖、变卖所得价款优先受偿。理由如下。

1. 将翠宏山公司 64% 股权作为对刘某某债权实现的非典型担保,即让与担保,不具有合同无效情形,应为有效合同,且具有物权效力

第一,双方签订股权转让协议的目的是以股权转让形式保证刘某某债权的实现,担保甲公司按约偿还借款,非真正的股权转让,而是让与担保。《最高人民法院关于进一步加强金融审判工作的若干意见》第 3 条规定,依法认定新类型担保的法律效力。除符合《合同法》第五十二条规定的合同无效情形外,应当依法认定新类型担保合同有效;符合物权法有关担保物权规定的,还应当依法认定其物权效力。对于前述股权让与担保是否具有物权效力,应以是否已按照物权公示原则进行公示,作为核心判断标准。根据《中华人民共和国公司法》第三十二条第二款规定,公司登记机关变更登记为公司股权变更的公示方式。《物权法》第二百零八条第一款、第二百二十六条第一款及第二百二十九条规定,在股权质押中,质权人可就已办理出质登记的股权优先受偿。举轻以明重,在已将作为担保财产的股权变更登记到担保权人名下的股权让与担保中,担保权人形式上已经是担保标的物的股份的持有者,其就担保的股权享有优先受偿的权利,更应受到保护,原则上具有对抗第三人的物权效力。

第二,以翠宏山公司股权设定的让与担保,没有违反禁止流押、流质的规定。让与担保虽非法律规定的有名担保,但属在法理及司法实践中得到广泛确认的非典型担保。根据《物权法》第一百八十六条规定,抵押权人在债务履行

期届满前,不得与抵押人约定债务人不履行到期债务时抵押财产归债权人所有;第二百一十一条规定,质权人在债务履行期届满前,不得与出质人约定债务人不履行到期债务时质押财产归债权人所有。如约定担保权人负有清算义务,当债务人不履行债务时,担保权人并非当然取得担保物所有权时,并不存在流押、流质的问题。本案中,乙公司在甲公司不能还款时,负有清算义务,并不当然取得翠宏山公司 64% 股权的所有权。

第三,关于翠宏山公司 64% 股权变更的协议书、补充协议书是否系各方通谋虚伪意思表示的问题。法院认为,是否为"以虚假的意思表示实施的民事法律行为",应当结合当事人在主、从合同中作出的真实意思表示,统筹作出判断。本案中,翠宏山公司 64% 股权转让至乙公司代持股人刘某某名下是为甲公司向乙公司的巨额借款提供担保,而非设立股权转让民事关系。对此,债权人、债务人明知。从这一角度看,债权人、债务人的真实意思是以向债权人转让翠宏山公司股权的形式为债权实现提供担保。"显现的"是转让股权,"隐藏的"是为借款提供担保而非股权转让,均为让与担保既有法律特征的有机组成部分,均是债权人、债务人的真实意思,该意思表示不存在不真实或不一致的瑕疵,也未违反法律、行政法规的效力性强制性规定。

本案中,甲公司与刘某某于 2014 年 6 月签订协议书,以翠宏山公司 64% 股权设定让与担保,债权人乙公司、代持股人刘某某和债务人甲公司协调配合已依约办妥公司股东变更登记,形式上刘某某成为该股权的受让人。因此,刘某某依约享有的担保物权优于一般债权,具有对抗甲公司其他一般债权人的物权效力。

2. 刘某某对讼争股权享有优先受偿权,不构成《破产法》第十六条规定所指的个别清偿行为

《破产法》第十六条的立法宗旨在于:防止个别清偿行为减少破产财产总额、个别清偿行为违反公平清偿原则。在当事人以股权设定让与担保并办理相应股权变更登记,且让与担保人进入破产程序时,认定让与担保权人就已设定

让与担保的股权享有优先受偿权利,是让与担保法律制度的既有功能,是设立让与担保合同的目的。本案中,翠宏山公司64%股权已经变更登记至刘某某名下,刘某某(乙公司)就该股权享有优先受偿权利。

3. 关于丙公司100%股权变更的性质

法院认为,协议中"双方股权转让的目的是以股权转让的形式保证刘某某债权的实现,督促甲公司按约定偿还刘某某借款及利息""若1年内甲方不能出售房产清偿对乙方的借款……"表明上述约定内容,本质上是通过以丙公司100%股权过户至刘某某名下的方式担保债权的实现,甲公司仍保留对丙公司的重大决策等股东权利;待债务履行完毕后,丙公司100%股权复归于甲公司;如债务不能依约清偿,债权人可就丙公司经评估后的资产价值抵偿债务,符合让与担保法律特征,且不具有合同无效情形,应为有效合同。之后丙公司、甲公司、刘某某三方达成的补充协议的核心内容为甲公司同意以丙公司100%的股权及资产抵债,双方就转让丙公司100%股权达成合意,甲公司有义务向刘某某(乙公司)移交丙公司100%股权;对于双方有关股权抵债计算方式的约定,并非抵债协议生效条件。

三、法理与争鸣

股权让与担保作为随着市场经济的发展应运而生的非典型担保,名义上,是债务人或者第三人将自己的股权转让给债权人,实际上,在债务人履行债务后即将转让股权复归于原所有权人的担保方式,是督促债务人及时履行义务的有效手段。截至本案判决发布,各级各地法院对股权让与担保的效力的认定存在分歧,如同本案中一审法院和二审法院的截然不同的裁判结果。随着《全国法院民商事审判工作会议纪要》《最高人民法院关于适用〈中华人民共和国民法典〉有关担保制度的解释》(下称《担保制度司法解释》)对股权让与担保问题的规定,股权让与担保合同的效力得以认定。尽管如此,围绕股权让与担保的争议并未完全消除。其核心原因在于,股权让与担保交易中,由于股权本身的特质而产生的、不同于物的让与担保的特殊性。

（一）关于股权让与担保合同的效力

关于股权让与担保交易整体合同的效力问题,学界和实务界均认为有效。让与担保因买卖行为发生标的物所有权的转移,至于"担保"的目的,则应该被理解为实施法律行为的动机。由此,股权让与担保的法律结构是"让与担保设定人是利用所有权的手段来达到担保债权的经济目的,尽管其法律手段超过了经济目的,但当事人的意思是转移真正的所有权,也非通谋虚伪的意思表示"①。"让与"是通谋虚伪还是真实意思,需要根据事实认定;股权让与担保的商业动机是控制股权价值(公司财产),合同效力应当认可;属于归属型让与担保的,即使构成流质,也仅是该部分条款无效,仍可主张优先受偿权;而处分型让与担保,本质就是担保物权。②

（二）关于股东权利的行使与限制

根据《担保制度司法解释》第六十八条③,股权让与担保中标的股权"形式上转移至债权人名下"。股权与一般财产不同,如果投资人仅仅通过股权变更登记,形式上获得股权,融资人完全可能在公司经营中通过关联交易转移资产,使公司成为空壳从而使股权价值大幅贬损。因此,投资人为保障资金安全,往往需要对公司进行实际控制,确保股权价值不减损,也就产生了股权如何行使的争议。

第一种观点,将股东权利分为自益权和共益权,以此为基础分别处理股权行使问题。首先,对于自益权的行使,原则上应遵循当事人之间的意思自治。在双方当事人没有约定的情况下,如果其他股东和公司不知悉股权让与担保的事实,以为当事人间法律关系是股权转让,则受让人当然有权行使自益权。若

---

① 王闯. 关于让与担保的司法态度及实务问题之解决 [J]. 人民司法,2014（16）:17.

② 李志刚. 股权让与担保的多维透视与法律适用 [J]. 法律适用,2021（5）:60.

③ "债务人或者第三人与债权人约定将财产形式上转移至债权人名下,债务人不履行到期债务,债权人有权对财产折价或者以拍卖、变卖该财产所得价款偿还债务的,人民法院应当认定该约定有效。当事人已经完成财产权利变动的公示,债务人不履行到期债务,债权人请求参照民法典关于担保物权的有关规定就该财产优先受偿的,人民法院应予支持。"

其他股东和公司知悉股权让与担保的事实,参考股权质押的规定,仍应该赋予受让人相应自益权。对于共益权的行使,基于共益权涉及目标公司的经营或监管,若公司或其他股东不知让与担保事宜,则担保权人对于公司而言是真实股东,享有股东权利。若公司知晓股权让与担保的事实,但是双方没有约定担保权人享有公司的经营管理权限,则担保权人不能享有相应股东权利;若双方当事人约定担保权人享有一定的公司经营管理权限,则应当认定此种约定有效。[①]

　　股东权利包括自益权与共益权的观点为公司法学界所认可,而这两类权利均是股东针对公司而享有的权利,是公司与股东间的权利义务关系。且债权人与债务人关于股权让与担保的约定,不能直接约束公司。因此,让与担保中股东权利的受让人在行使股东权利时,应当以公司是否知晓让与担保事宜为标准区别对待。若公司知晓担保事实的,则受让人可以行使双方约定的股东权利,并且以实现担保债权的目的为限;若公司不知晓股权让与担保事宜的,则受让人为基于股权转让关系而获得股权的股东,可以行使股东应有的权利。

(三)股权让与担保中涉及第三人的法律关系

　　1. 公司债权人能否请求担保权人承担出资责任

　　《公司法司法解释(三)》第二十六条规定,公司债权人主张名义股东对公司债务在未出资范围内承担补充责任的,名义股东不得以其系名义股东予以对抗。而《民法典担保制度解释》第六十九条规定,作为名义股东的债权人并不承担出资瑕疵责任。两个法律文件的规定明显存在矛盾之处,学界对此也观点各异。基于股权让与担保的担保物权的本质,名义股东实际地位为债权人,其不享有股东权利,也不负有出资义务[②]。在确立担保物权说的基础上,由于股权受让人仅享有担保物权,不是真正的股权所有人,因此不是债权人代位求偿的

① 钱进,钱玉文. 股权让与担保的法律构成及效力建构 [J]. 河南财经政法大学学报,2022 (1):89.

② 高圣平,曹明哲. 股权让与担保效力的解释论——基于裁判的分析与展开 [J]. 人民司法(应用),2018 (28):23

对象,理应不就瑕疵出资承担连带责任[1]。对于完全将让与担保意思表示隐藏于内,未对公司进行披露,也未进行担保公示的情形,则应当保护第三人的利益[2]。当然,也有学者认为《公司法司法解释(三)》第二十六条的规定更合理,担保权人应当承担瑕疵出资责任。第一,根据商事外观主义规则,起码公司债权人对受让人缴纳未履行的出资义务而需承担连带责任是有期待的。第二,实践中可能出现当事人虚构股权让与担保,以此来逃避补充出资的义务,损害其他债权人的利益的情况。[3]

从商事外观主义的角度,公司其他债权人有权基于信赖外观要求担保权人在未出资本息范围内与实际股东承担连带赔偿责任。当然,彻底解决该问题的措施是进行"股权让与担保登记",而不仅仅是股权登记。

2. 其他股东行使优先购买权的问题

有学者根据公司和其他股东是否知晓让与担保进行制度构建。如果公司或者其他股东知晓担保事实,则其他股东不能行使优先购买权;反之,其他股东就可以行使优先购买权。[4] 还有观点认为,应当区分公司股东主张优先购买权的时间并结合公司和其他股东是否知晓让与担保事实进行综合判定。在转让股权设立让与担保时,不支持行使优先购买权,因为此时股权转让并不具有终局性。在返还股权时,应区分公司和其他股东知情状态进行分别讨论。若公司和其他股东知晓让与担保事实,且在担保期间由出让人行权,此时其他股东应当配合股权返还。若公司和其他股东不知晓让与担保事实之存在,但担保期间由出让人行权,此时和隐名股东显名化并无区别[5]。

① 钱进,钱玉文. 股权让与担保的法律构成及效力建构 [J]. 河南财经政法大学学报,2022(1):90

② 司伟,陈泫华. 股权让与担保效力及内外部关系辨析——兼议《民法典担保制度解释》第 68 条、第 69 条 [J]. 法律适用,2021(4):88.

③ 姚海放. 股权让与担保限制论 [J]. 政治与法律,2023(3):172.

④ 钱进,钱玉文. 股权让与担保的法律构成及效力建构 [J]. 河南财经政法大学学报,2022(1):90.

⑤ 高一丹. 有限责任公司股权让与担保效力研究 [D]. 北京:中国政法大学,2020:46.

以上观点均没有全面解决其他股东优先购买权的行使问题。在股权让与担保中,其他股东有两次行使优先购买权的机会。应当区分担保权人是否能够行使股东权利。第一次是在股权让与担保设定时的"股权让与"中,如果债权人和债务人约定担保权人仅仅作为名义股东,股东权利由债务人行使,其他股东知晓此事实,则其他股东不能行使优先购买权。如果由债权人行使股东权利,其他股东有优先购买权。第二次是在债权人返还股权的过程中,如果债权人没有行使股东权利,债务人股东实际行使了股东权利,就按照隐名股东显名化的规定处理;反之,其他股东有权行使优先购买权,因为此种场合,债权人参与了公司经营管理,与其他股东之间形成了一定的信任关系,原股东重新加入公司,可能会对股东结构造成一定的影响。

第五章

公司治理

第一节　董事会决议效力的司法审查

一、董事会决议撤销纠纷

2001 年 3 月 18 日,投资人葛某某、李某某、南某某、乙研究所共同投资设立甲公司并制定公司章程。章程载明:公司法定代表人葛某某,注册资本人民币 100 万元(以下币种均为人民币),股东葛某某、李某某、南某某、乙研究所分别出资 7 万元(占 7%)、5 万元(占 5%)、44 万元(占 44%)、44 万元(占 44%,其中货币出资 17 万元,高科技项目作价出资 27 万元);公司设立董事会,设董事 5 名,董事长由葛某某担任。董事会行使包括聘任或者解聘公司经理,根据经理提名聘任或者解聘公司副经理、财务负责人,决定其报酬等职权,对涉及公司增、减资方案、决议公司合并、分立、变更公司形式、解散方案的,须经代表三分之二以上表决权的股东通过才能实施,董事会行使职权时,不得违反法律、法规和公司章程的规定;公司财务负责人为葛某某。章程分别由各投资人签名、盖章。同年 4 月 17 日,由前述投资人设立的甲公司经某工商行政管理局核准登记成立。2006 年 11 月 18 日,甲公司根据已召开股东会形成的决议,制定公司章程修正案,除增加公司经营范围修改原章程对应内容外,公司股东变更为葛某某(出资额 40 万元,占注册资本 40%)、李某某(出资额 46 万元,占注册资本 46%)、王某某(出资额 14 万元,占注册资本 14%),公司章程对股东变更进行了修改。

2009 年 7 月 18 日,甲公司召开董事会并形成决议,李某某在会议签到单上签名。董事会决议载明:根据《公司法》及公司章程规定,甲公司董事会于当日,由董事长葛某某电话通知、召集并主持在公司会议室召开。出席董事会董事成员应到 3 人,实到 3 人。列席董事会监事应到 3 人,实到 3 人,作出决议如下:①鉴于总经理李某某不经董事会同意私自动用公司资金在二级市场炒股,造成巨大损失,现免去李某某总经理职务,即日生效;②现聘任总工程师王某某为甲公司代总经理,行使总经理职权;③从即日起 5 日内,原总经理李某某应交还公司章程、印鉴章、法定代表人私章、公司账簿(包括所有的原始记录凭证)给董事长葛某某。如不交还，属于严重损害股东利益，股东有权向法院起诉。决议由董事葛某某、王某某及监事签名。李某某未在决议上签名。

同月 27 日，李某某提起诉讼，以甲公司董事会决议依据的事实错误，召集程序、表决方式及决议内容等违反了《公司法》的规定为由，要求撤销该董事会决议。甲公司辩称：董事会的召集程序、表决方式及决议内容均符合法律和章程的规定，故董事会决议有效。

一审法院认定案涉董事会在召集、表决程序上符合《公司法》及章程规定的同时，认为董会会决议罢免李某某所依据的事实有偏差，以缺乏事实及法律依据为由，判令撤销甲公司董事会决议。甲公司不服提起上诉，认为在原审判决已经对董事会决议的合法性、程序性作出肯定性判断的情况下，该董事会决议应认定为合法有效。是否存在"总经理李某某不经董事会同意私自动用公司资金在二级市场炒股，造成巨大损失"与本案诉请没有必然联系，因为《公司法》和甲公司的章程均规定董事会有权解聘和聘用经理，且对董事会解聘经理的权力没有任何限制性规定，故甲公司董事会对解聘总经理的理由是否作出解释、作出解释的理由是否符合事实均不影响董事会行使解聘总经理的法定权力。

二、裁判结果及理由 [①]

本案的争议焦点在于法院是否应当对导致李某某被免职理由所依据的事实进行实体审查，该事实的成立与否是否足以影响董事会决议的效力。

（一）一审裁判

第一，董事会决议撤销诉讼旨在恢复董事会意思形成的公正性及合法性，在注重维护主张撤销权人合法利益的同时，也兼顾公司法律关系的稳定。因此，2009 年 7 月 18 日，甲公司董事会决议在召集、表决程序上与《公司法》及章程并无相悖之处。首先，虽然李某某举证临时董事会决议以证明通知召集董事会

---

① 一审：（2009）黄民二（商）初字第 4569 号。二审：（2010）沪二中民四（商）终字第 436 号。

时没有告知其会议议题,但是该问题并不影响董事会召集的实质要件。

第二,关于董事会决议免除李某某总经理职务,是因李某某未经董事会同意私自动用公司资金在二级市场炒股造成损失。本案中,李某某在丙证券公司进行的股票买卖,包括账户开立、资金投入及股票交易等系列行为,系经甲公司董事长葛某某同意后委托李某某代表甲公司具体实施,相关反映股票交易的资金流转均在甲公司账上予以记载,据此事实无法得出李某某未经同意,擅自动用公司资金在二级市场买卖股票造成亏损的行为结果。因此,董事会罢免李某某总经理职务所依据的李某某"未经董事会同意私自动用公司资金在二级市场炒股,造成损失"的事实,存在重大偏差,在该事实基础上形成的董事会决议,缺乏事实及法律依据,其决议结果是失当的。从而判决甲公司于 2009 年 7 月 18 日形成的关于"免去李某某总经理职务"等的董事会决议,予以撤销。

(二)二审裁判

关于法院是否应当对导致李某某被免职理由所依据的事实进行实体审查,该事实的成立与否是否足以影响董事会决议的效力的问题,二审法院认为,"总经理李某某不经董事会同意私自动用公司资金在二级市场炒股,造成巨大损失,现免去李某某总经理职务"这一董事会决议是否撤销,须依据《公司法》第二十二条第二款的相关规定进行审查。据此,二审法院认定 2009 年 7 月 18 日董事会决议在召集程序、表决方式上不符合应予撤销的要件,应认定为合法有效。二审法院首先从《公司法》立法本意是维护公司自治来论述,说明了只要董事会决议没有违反《公司法》第二十二条第二款规定的内容,就认定为有效。其次对公司章程的内容进行说理,该公司章程亦未对董事会解聘经理提出特殊要求,即董事会可以"无因"解聘李某某总经理职务。而"总经理李某某不经董事会同意私自动用公司资金在二级市场炒股,造成巨大损失"这一事实,是董事会解聘李某某的原因,但这一原因并不能影响董事会决议的效力。据此,二审法院不予审查与认定该事实,李某某认为董事会免去其职务的理由侵犯其民事权益的,可以另行通过其他途径主张权益。即本案中,二审法院认为原审判决不应当对导致李某某被免职理由所依据的事实进行实体审查,该事实的成立与否不足以影响董事会决议的效力。

三、法理与争鸣

公司是具有独立法人地位的企业组织,其具有民事权利能力和民事行为能力、依法独立享有民事权利、承担民事义务,在人员和财产管理中享有充分的意思自治。不过,公司自治并非完美无瑕,必要时需要依靠司法介入解决相关纠纷。其中,公司决议(包括股东会决议、董事会决议)瑕疵之诉便是司法介入公司自治的方式之一,通过司法审查确认公司决议的效力。

(一)可撤销公司决议司法审查范围的法律依据

从我国《公司法》第二十二条第二款的规定中可以看出,法院在公司决议撤销纠纷案中的司法审查范围包括以下三点。①内容合法,即决议内容符合法律、行政法规。指决议的实体内容应当遵守法律、行政法规中的强制性规定,遵循诚实信用原则和公序良俗原则,控股股东不得滥用表决权损害他人的合法权益。如违反此规定,应认定为无效,股东可提起无效确认之诉。②程序合法,即董事会会议的召集程序、表决方式符合法律、行政法规和公司章程。此时,应根据《公司法》第四十七条、四十八条规定,审查是否存在由无召集权人召集、未通知部分股东的情形;是否按"一人一票"表决,并对所议事项的决定形成会议记录并签名等以及是否符合公司章程对程序方面的特别规定。③决议内容符合公司章程。

在本案中,李某某提起的为董事会决议撤销之诉,一审、二审法院均根据《公司法》第二十二条逐项对照审查,认定系争董事会决议在召集、表决程序上与《公司法》及公司章程均无相悖之处。

(二)解聘董事、监事等其他高级管理人的事由是否属于司法审查的范围

虽然《公司法》第二十二条对可撤销公司决议的司法审查内容已有规定,但实践中仍然存在类似于本案的困惑:作出决议内容所依据的事实是否属实?

理由是否成立？属不属于司法审查的范围？正如本案二审争议焦点，原审判决是否应当对导致李某某被免职理由所依据的事实进行实体审查，该事实的成立与否是否足以影响董事会决议的效力。一审法院对该事实进行了审查，并以存在重大偏差为由，撤销了董事会决议。然而，二审法院则认为不应当审查该事实是否存在。不止解除经理职务的决议，公司解除董事、监事等其他高级管理人员职务的决议的效力也会牵扯到解除事实的问题。

公司与董事等高管之间是委托关系。就公司与董事、监事、经理等高级管理人员之间的关系而言，公司解除董事等高管人员职务的理由与事实不应当属于司法审查的范围。现代公司运营的专业化、技术性和市场化，需要具有专业技能和管理能力的专门人才从事公司的日常经营工作。在 20 世纪 90 年代，我国公司法学界就公司与董事之间的关系定性问题，曾进行过一场深入的论战。彼时，可供选择的定性方案主要包括委任（委托）说、信托说和代理说。论战以委任说成为通说而告终。[①] 经理之所以能够参与公司的经营管理、能够对外进行交易行为，是源于董事会的聘任，即公司授权董事会聘任经理，实际上也是一种委托合同关系。委托合同是以当事人之间的信任关系为基础的，如果当事人在信任问题上产生疑问或者动摇，即使强行维持双方之间的委托关系，也势必会影响委托合同目的的实现，故委托合同中当事人具有任意解除权。《民法典》第九百三十三条规定，委托人或者受托人可以随时解除委托合同。根据委托代理关系的法律性质，董事会可以随时解聘经理，法院也无须审查其解聘事由。基于委托关系的法理，《最高人民法院关于适用〈中华人民共和国公司法〉若干问题的规定（五）》第三条规定董事任期未届满，股东会或股东大会也可决议解除其职务，强调董事职务解除的随时性与无因性。既然公司可以无因解除董事的职务，那么在公司决议撤销之诉中，法院也就没有必要审查解除的原因与事实是否合理。

[①] 楼秋然 . 董事职务期前解除的立场选择与规则重构 [J]. 环球法律评论，2020（2）：107.

（三）司法审查公司决议效力应当有一定的限度

公司决议瑕疵之诉是司法介入公司自治的形式之一,司法审查范围实质上是司法介入公司自治的限度问题。对此,理论界学者的主流观点认为,要做到司法介入与公司自治的平衡,防止司法过度干预公司自治,就要遵循一定原则,现选取典型原则归纳如下。①

第一,商业判断规则适当运用原则。公司决议内容的合理性、妥当性属于商业判断的问题。与长期从事经营的投资者相比,法官对于经济走势等商业判断只是一种非专业的揣度,很可能会削弱公司的经营能力。因此,在诸如公司决议撤销之诉的审理过程中,法官应当坚持对决议内容的合法性进行审查,而对于合理性审查应当审慎处之,否则将会造成司法审查的过度。

第二,须穷尽公司的内部救济原则。只有在股东通过董事会、监事会等内部机构仍然无法获得救济时,才能请求司法介入。因为在这种情况下,公司内部自治机构已经失灵,无法解决股东与公司间的冲突,只能依靠外部力量救济才能恢复公司的正常经营秩序。

第三,禁止司法主动介入原则。司法本身就有被动性的特点,该原则类似于民事诉讼法上的"不告不理"原则,在股东没有行使诉权请求人民法院的救济时,司法不得主动介入,必须保持"克制主义",否则将会侵害公司自治秩序。

综上三个原则,是理论界对如何把握司法介入的限度问题提出的解决方式,由上可见,学者普遍主张司法介入应当以形式审查、合法性审查为主,保持司法介入的谦抑性和克制性,因此,从理论上看,公司决议撤销之诉中,司法审查的范围不应当包括实体审查。

而在司法实务中,对于如何把握司法介入的限度问题,因案情的复杂,各法院有不同的做法。具体到本案,对于如何把握公司决议撤销之诉的司法审查的界限问题,原审法院和二审法院的审理以及判决结果便截然相反。原审法院认为,"李某某未经董事会同意私自动用公司资金在二级市场炒股,造成损失"

---

① 陈群峰. 论公司决议瑕疵的司法介入——以保持司法干预与公司自治的平衡为视角[J]. 首都师范大学学报:社会科学版,2013（5）:53.

这一事实是否存在是解决案件争议的关键,从而对相关事实进行了审查,认为董事会决议所依据的理由存在重大偏差,在该事实基础上形成的决议便是失当的,从而判决撤销该董事会决议。而二审法院则认为,法院对于该事实是否存在不应当进行审查与认定,该事实属于公司决议内容的依据,而决议内容本身并未违反公司章程,作为决议内容的依据不属于司法审查的范围,从而改判,驳回原告李某某请求撤销董事会决议的诉讼请求。

对比两个法院的判决理由和结果,结合上述理论分析不难发现,二审法院的判决理由和结果更为合理。原审法院将司法审查的范围扩大到了对作出董事会决议的依据的事实真实与否的审查,该事实仅仅是董事会解聘李某某总经理职务的原因,对该事实的审查,既无法律规定,也无公司章程的依据,显然这属于实体审查,有司法过度介入之疑。本案的二审法院严格遵守《公司法》第二十二条的规定和立法目的,尊重公司章程的有关规定,通过对公司决议内容的形式审查,排除对公司决议内容依据事实的实体审查,实现了司法介入与公司自治之间的平衡,明确了司法审查的界限,为司法实践中如何把握司法审查的界限问题提供了借鉴思路。

第二节 高级管理人员勤勉义务的认定

一、高级管理人员损害公司利益责任纠纷

甲公司于 2000 年 3 月 9 日成立,股东为罗某、许某某、李某某。上述三人分别占甲公司 50%、20%、30% 的股份。罗某为甲公司执行董事、法定代表人、财务负责人,李某某为公司监事、营销部经理。甲公司《章程》第二十一条规定,本公司的董事、经理及财务负责人不得兼任监事;第二十六条规定,董事、经理执行公司职务时违反法律、行政法规或者公司章程的规定给公司造成损害的,应当承担赔偿责任。

甲公司法定代表人罗某因患病需住院治疗,于 2005 年 7 月 23 日,以总经理的身份主持召开总经理例会,会议议题为"宣布在总经理住院期间由李某某

负责全面工作"。该会议决议为：各部门负责人表示在总经理住院期间都会努力配合李某某的工作。同年 7 月 25 日，罗某以总经理的身份出具任命书一份，载明："因公司工作需要及总经理身体原因，从即日起由营销经理李某某负责公司的全面日常工作，我谨代表公司祝愿他在新的岗位上取得更大成绩。"

2006 年初，李某某以甲公司名义与案外人乙公司开展 UV 手机外壳涂装线项目业务，并负责该项目业务。李某某通过招商银行一卡通给付甲公司上述手机外壳涂装线项目工程款人民币 40 万元（以下币种同）。

2007 年 9 月 30 日，李某某离开甲公司。在与该公司交接时出具了李某某遗留甲公司工程尾款细目一份，其中载明：乙公司手机外壳涂装线应收款 150 万元，已收款 40 万元，欠款 110 万元；并在备注栏中注明：口头协议含税价 150 万元，已收金额 40 万元。

2007 年 9 月 18 日，甲公司授权律师向案外人丙公司发函，告知受甲公司委托催讨乙公司的 UV 手机外壳涂装线项目的款项，但被拒之门外。丙公司系乙公司的股东，甲公司希望其督促乙公司付款。甲公司以提起诉讼的方式向丙公司主张上述 UV 手机外壳涂装线项目工程款 110 万元，但法院以没有合同文本等证据不足未予立案。

甲公司认为李某某作为该公司的监事及其在全面负责公司工作期间，在与丙公司的 UV 手机外壳涂装线项目上，没有签订书面合同，未尽其勤勉义务，导致甲公司受损 110 万元。故提起诉讼，请求判令李某某赔偿甲公司上述损失 110 万元。李某某辩称，自己只是在甲公司法定代表人生病期间，答应其多关心公司的经营工作，甲未依照法定程序撤销自己的监理职务及正式任命自己为公司总经理职务，故自己并不是高级管理人员，不负有勤勉义务；而且，甲公司也没有向案外人乙公司追讨欠款，甲公司的请求没有法律及事实依据。

二、裁判结果及理由 ①

本案争议焦点在于李某某是否应当赔偿甲公司的损失。一审法院和二审

①（2009）沪一中民三（商）终字第 969 号。

法院均判决李某某赔偿甲公司损失 110 万元。

法院认为,基于甲公司请求权的基础,是否支持甲公司的诉讼请求,需要在三个方面加以判断:其一,李某某是不是公司法意义上的公司高级管理人员;其二,李某某是否违反了勤勉义务;其三,甲公司是否由于李某某的行为造成了损失。

(一)关于李某某在甲公司身份的认定

根据现有的证据以及李某某在审中的陈述,可以确认在公司原法定代表人罗某患病期间,李某某依据公司的决定全面负责甲公司的工作,即使涉案任命书中没有"担任总经理"等字样,但李某某实质履行了总经理的职责,符合公司法规定的公司高级管理人员身份。

根据甲公司章程及公司法的规定,监事不得兼任高级管理人员,其主要原因在于:有限责任公司的监事会成员或者监事,其主要职责是监督公司董事、经理等经营决策机构和业务执行机构的人员的活动,纠正他们的违法行为和损害公司利益的行为。因此,担任这两类职责的人员不得兼职,否则无法形成监督制约的机制。本案中,甲公司章程和工商登记对李某某担任总经理一事未作相应变更,也没有临时推选另一名监事,但因李某某代行总经理职责的行为具有临时性,一旦公司原法定代表人病愈,李某某即不必再履其责。根据公司法的相关规定及甲公司的临时决定,可以认定李某某在甲公司法定代表人生病期间应当履行该公司总经理的职责,全面负责公司的各项工作,但其监事一职不能同时兼任,若此期间两职务冲突,作为监事的任职应当无效,所作出的监督结果的报告也为无效,可以不追究其作为监事的责任。因此,李某某在临时担当总经理之责期间,应当按照公司章程和法律规定切实履行职责,如因其行为不当而给公司造成损害的,应当依法承担相应的赔偿责任。

(二)关于李某某是否有违反勤勉义务的行为

董事、监事、高级管理人员的勤勉义务,是指董事、监事和高级管理人员行使职权、作出决策时,必须以公司利益为标准,不得有疏忽大意或者重大过失,以适当的方式并尽合理的谨慎和注意,履行自己的职责。判断董事等高级管理人员是否履行了勤勉义务,应该从三个方面加以辨别:第一,须以善意为之;第二,在处理公司事务时负有在类似的情形、处于类似地位的具有一般谨慎的人在处理自己事务时的注意;第三,有理由相信是为了公司的最大利益的方式履行其职责。李某某在全面负责甲公司经营期间,作为 UV 手机外壳涂装线项目甲公司一方的具体经办人,仅以口头协议的方式与相对方乙公司发生交易行为,在其离职时亦无法向甲公司提供经交易对象确认的文件资料。按照经营的一般常识,采用口头协议交易的方式,一旦与交易对象产生纷争,无法明确各自的权利义务关系。故对于不能即时完成交易的民事行为,交易双方一般均签订书面协议或由交易相对方对相关内容作出确认。因而李某某应有理由相信采用口头协议方式的经营判断是与公司的最佳利益不相符合,然而其无视该经营风险的存在,没有以善意(诚实)的方式,按照其合理地相信是符合公司最佳利益的方式履行职务。并且,没有以一种可以合理期待一个普通谨慎之人在同样的地位、类似的状况下能够尽到的注意程度去履行一个高级职员的职责。因此,李某某明显违反了勤勉义务。

(三)关于甲公司是否由于李某某的行为遭受了损失

须从两个方面予以判定:第一,公司有无损失;第二,李某某违反勤勉义务的行为与公司受到损失之间是否存在因果关系。李某某在离任时已确认关于乙公司的 UV 手机外壳涂装线项目的应收款项数额还有 110 万元。因该项目自始至终均由李某某负责,在其离职后,由于缺乏与乙公司发生交易的相应凭证,导致甲公司无法对该 110 万元应收之款项向乙公司提出主张。对于这一事实,甲公司已经提供了相应的证据予以佐证,李某某没有相反的证据加以反驳。因此可以认定该损失已经造成,李某某违反勤勉义务的行为与甲公司受到损失之间存在因果关系。李某某在办理离职交接时已经对该数额予以确认,并且在原审第一次庭审中自认不付款的原因是对方的偿债能力问题。

综上所述,李某某代行甲公司总经理职务期间,在与案外人乙公司的项目中未订立书面协议,亦未有其他的标的物交接凭证,明显违反了公司高管应当履行的职责,违反了谨慎、勤勉义务,造成被上诉人向案外人无法主张债权的困境。因此,可以认定李某某的行为已造成对公司利益的损害,应当依法向被上诉人承担该 110 万元的损失赔偿责任。

三、法理与争鸣

从本案延伸出三个问题:其一,监事兼任高管行为的性质及法律后果;其二,违反勤勉义务的认定标准;其三,是否引入商业判断规则补充对勤勉义务的认定。

(一)高管与监事之间互相兼任的认定及法律效力

《公司法》第五十一条第四款规定:"董事、高级管理人员不得兼任监事。"本条所指的兼任指同一法律主体在担任公司董事或高管的同时还担任公司监事。公司法禁止此类兼任行为是因为董事(高管)与监事在公司治理结构中承担着不同的职责,董事和高管属于公司的执行机构,监事的设立目的在于监督和约束执行权的使用,防止因公司管理层的道德风险而侵害股东尤其是小股东的利益。因此监事与董事(高管)系监督与被监督的关系,两者的职责存在冲突,若交由同一主体行使,必然使约束与监督的功能无法实现,监事一职形同虚设。由于《公司法》(2005 年修订)第五十二条第四款的规定属于法律的强制性规定,因此应当认为高管与监事互相兼任的行为无效。

高管与监事互相兼任的外观表现是同一主体同时具有高管和监事的双重身份,其实质则是公司内部有权机构授予同一主体同时履行高管和监事两种职权。因此,兼任的认定应当从形式要件与实质要件两个方面加以考虑。形式要件具体表现为公司章程的规定、工商登记的记载、任命书等;实质要件是指公司内部有权机构的真实意思表示,具体表现为股东的合意、公司对兼任者工作报告的采纳和业绩考核等。一般而言,形式要件与实质要件具有同一性,然而实践中有不少小公司时常出现形式要件瑕疵的情形,这是由小公司高度的人合性所决定的。小公司的股东人数少,彼此十分了解和信任,股东身兼数职现象普遍,经营决策受股东个人因素影响大。一旦该股东无法继续履行职责,公司将面临经营瘫痪甚至解散风险。小公司抗风险能力差,对复杂的市场行情和各类突发情况,必须迅速应对以求生存发展,因此可能会存在省略程序、忽略形式等情况,导致形式要件的瑕疵。

在审理涉及小公司的案件时,应当从公司法保护公司利益,促进经济发展的立法原则出发。通过考察股东真实合意,弥补公司决策在程序要件或形式要件上的瑕疵,有条件地认可瑕疵决议的效力,避免因决议无效导致公司陷入经营僵局。具体到本案中,从一系列事实证据可以看出,李某某与罗某对李某某履行总经理职责形成了合意,双方对章程中规定的高管与监事不得兼任的规定也是知道的,所以,在双方形成合意时,原监事职务自然免除。监事身份未经公司章程变更,也未有书面的免除决议,但此仅为形式上的瑕疵,并不影响对股东间真实意思表示的认定。因此,李某某出任总经理的行为虽有兼任之表象,却无兼任之实质,应当定性为身份转换而非兼任,从而不适用《公司法》(2005年修订)第五十二条第四款的禁止性规定。因此,认定李某某系甲公司的高级管理人员并无不当。

(二)高级管理人员勤勉义务的认定标准

公司法意义上的勤勉义务又称注意义务或者谨慎义务,是指董事、监事和高管在处理公司事务时必须出于善意,并尽到普通谨慎之人在相似的地位和情况下所应有的合理的谨慎、勤勉和注意。勤勉义务法律制度是英美法系普通法判例的产物,与忠实义务一同构成了信托义务的重要内容。"勤"意在尽力多做,不偷懒,不懈怠;"勉"的意思是努力、尽力。因此,勤勉义务要求董事、监事和高管对公司勤于管理,持续关注公司经营状况、财务状况,积极、谨慎履行职责。《公司法》在2005年修订后采用了"勤勉义务"一词,并作了概括性的规定:"董事、监事、高级管理人员应当遵守法律、行政法规和公司章程,对公司负有忠实义务和勤勉义务。"

各国对勤勉义务的认定标准主要有主观标准和客观标准之分。主观标准指董事、监事和高管（以下简称"董监高"）是否履行勤勉义务应当以其实际具有的知识和经验为标准。客观标准是指董事、监事和高管是否履行勤勉义务应当以一个合理谨慎之人在相似情形下所应表现的谨慎、勤勉和技能为其行为标准。我国学者对勤勉义务应当采何种认定标准具有不同看法。

1. 将客观标准作为一般判断标准，以特殊约定为补充标准①

具体理由如下：第一，倘若采用主观标准，即不管董监高的知识、经验如何，只要其已尽到了最大程度的努力即可免责。但会导致"专业水平越高，其责任越重；专业水平越低，其责任越轻"这一悖论的出现。第二，采用客观标准，即一个类似职位上的人在类似情形之下所能尽到的勤勉义务，细言之，即要求董监高具备一个处类似职位的第三人所被合理期待的能力、水平。第三，应当允许公司按照自身的实际情况对知识、经验、能力等专业水平超过社会一般平均专业水平的，或者低于社会一般平均专业水平的董监高，以章程或者合同的形式，专门约定特定的勤勉义务标准，此举不仅能更好地处理高管勤勉义务的判断标准，避免"眉毛胡子一把抓"错误的发生，更能由此彰显公司法上强化私法自治的理念，并促进公司治理水平不断提高。

2. 采客观认定标准，结合相应的免责事由②

要求董监高应当具有合理谨慎之人在相似情况下所具备的专业知识与技能，尽到最大注意程度，对属于自己管理范围内的事务尽责勤勉，同时，允许公司以章程的形式规定减轻或者免除责任的条款。具体来说，在董监高一般过失的情形下，可以由公司章程规定，也可以根据股东大会的决议减轻或者免除责任，但是如果董监高存在重大过失就需要承担全部的损害赔偿责任，相比于单独适用客观认定标准，给予了董事一定的容错空间。

---

① 王建文，许飞剑. 公司高管勤勉义务判断标准的构造：外国经验与中国方案 [J]. 南京社会科学，2012（9）：112-113.

② 任自力. 公司董事的勤勉义务标准研究 [J]. 中国法学，2008（6）：85-91.

3. 采主客观相结合的认定标准

主客观结合的认定标准综合了主观认定与客观认定两种标准的优点。客观标准为法庭判断董监高是否履行勤勉义务提供了一个基础标准,即所有董监高不论其学识、能力高低都应达到客观标准的要求。而主观标准的适用可以起到在个案中对客观标准进行微调的作用。法官可以根据个案中董监高的实际经营能力、专业水平、薪酬来适当地扩大其承担义务的边界。① 换言之,客观标准作为需要达到的第一阶梯,间接督促了能力较为一般的董监高努力提高自己的业务能力和谨慎注意的态度,逐步提高整体素养;主观标准作为第二阶梯,对优秀的董监高提出了更高的要求,他们能够达到的注意程度应当与自己的知识和能力相匹配,这样的标准亦能督促他们为公司谋取更大的利益。

4. 采"理性人"标准②

有学者提出,无论是主观标准还是客观标准,实质上均是以一个标准人为参照来对行为人作出评价。法官在判断董监高是否违反勤勉义务时,首先需要建构一位"理性人"形象。"理性人"内在结构的核心部分是知识与能力。就知识结构而言,以一个普通商人应有的知识为基础来初步设定,然后再根据个案进行适度调整。当然,作为基础性人格形象的普通商人,差异也会很大。对此,可根据公司的规模、类型、经营范围等,对商人形象进一步具体化。就能力结构而言,由感性能力、理性能力、自我意识能力等构成,感性能力包括感觉能力和观察能力;理性能力为抽象思维的能力,包括分析、概括、推理、判断等能力;自我意识能力是主体在感知、抽象的基础上,对自身进行自我认识、自我调节、自我控制的能力。董监高能力水准也应在基础人格形象的基础上作适度调整。采"理性人"标准,法官需要设想所建构之理性的商人,在重构的商业背景之下,作出个案董监高所为相应行为时是否有过失的结论。若呈现为过失的状态,则违反了其所担负的勤勉义务。法官需判断的是,董监高能否预见其行为

① 周天舒. 论董事勤勉义务的判断标准——基于浙江省两个案例的考察 [J]. 法学杂志, 2014(10):94.

② 叶金强. 董事违反勤勉义务判断标准的具体化 [J]. 比较法研究, 2018(6):83-88.

会使公司遭受不利益,如果无法预见,则无过失,不违反勤勉义务;若可以预见,则需进一步考虑是否可合理避免。通常情况下,可预见之不利益往往可以避免,董监高若不作出相应行为公司就会免遭损害,故确定可以预见时即可确定存在过失,违反了勤勉义务。但在特殊的商业背景下,董监高可能无论如何应对,公司均会遭受损失。此时,需考虑其行为是不是对公司最有利的选择,只要董监高合理地认为自己所作选择是对公司最为有利的选择即无过失,不构成勤勉义务的违反。

(三)是否引入商业判断规则补充对勤勉义务的认定

商业判断规则是美国法院对董事勤勉义务审查的一项重要准则。由于商业判断规则是从判例法中发展而来的,至今仍活跃于法官的判例中,尚无正式定义。我国学者对是否引入商业判断规则补充对勤勉义务的认定持有不同态度。

1. 持否定态度

持否定态度的学者认为,商业判断规则与勤勉义务是一体两面的关系,二者均指向董事行为合理性判断。[1]商业判断规则系从积极层面强调符合其要求者即无责任,勤勉义务则是从消极层面强调违反规则者需承担责任,二者实际上要做的是同一件事。勤勉行事则会符合商业判断规则,未尽勤勉则需担责。故此,商业判断规则与勤勉义务完全可以统合起来,可将英美法中商业判断规则的实践经验整合到勤勉义务之判断中。在不存在路径依赖问题的背景下,我国应后发先至,径直走向勤勉义务本身,完全没有必要再叠床架屋,故"引入商业判断规则论"似已可休矣。

2. 持肯定态度

持肯定态度的学者认为,从平衡公司法价值导向的角度来看,我国有必要引入商业判断规则。[2]《公司法》应该是一部用来平衡多方权利义务关系的法律,其中包括公司管理层与股东之间的权利义务关系。董事勤勉义务的设置是

---

[1] 叶金强. 董事违反勤勉义务判断标准的具体化 [J]. 比较法研究,2018(6):82.

[2] 李中立. 董事违反注意义务之责任追究——以美国的经营判断法则为例 [J]. 湖北社会科学,2010(3):164-165.

为了限制董事手中所掌握的权利,防止董事为所欲为,损害公司和股东的利益。但是勤勉义务的设置也会给董事带来责任风险,如果对这种风险不加合理的限制,将会打击到董事大胆创新经营的积极性,同样不利于公司的发展。因此,董事勤勉义务需要有别的制度来进行制衡。这也是为什么美国公司法除了在州法中对勤勉义务进行规定外,还要在判例法中建立商业判断规则,以防止股东滥诉,限制董事勤勉义务的消极影响。实际上,董事勤勉义务本来就是和商业判断规则作为一个整体来发挥作用的,也正是在这两者的相互作用中,董事和股东达成了某种程度上的利益平衡。2005 年我国修订《公司法》时,虽然将勤勉义务引入第一百四十八条,作为公司董监高的法定义务,但是却漏掉了与其配套发挥作用的商业判断规则,加上我国《公司法》中并没有限制董事责任的相关设计,必然影响其功能的发挥。有鉴于此,为了平衡董事与股东的利益,限制《公司法》上董事勤勉义务的消极作用,我国有必要引入商业判断规则。

第三节　公司商业机会的认定

一、侵犯公司机会纠纷

乙公司于 2003 年 10 月 31 日成立,李某某、林某某各占 50% 的股份。

2004 年 3 月 11 日,乙公司(甲方)与丁县工业园管理委员会(乙方)签订合同书约定:①由甲方在乙方的辖区内设立子公司,注册资金 3 亿元,投资总额 8 亿元;②乙方以挂牌方式依法出让 700 亩商住用地给甲方,用于甲方在乙方县城投资房地产项目;③关于甲、乙双方的责任,其中约定由甲方提供其公司资料,乙方代理甲方在乙方辖区内就上述两个项目注册两家由甲方独资设立的外商独资企业。

2004 年 5 月 9 日,乙公司依合同约定在丁县设立了全资子公司丙公司,李某某为丙公司法董事长、法定代表人,林某某为董事。同年 5 月 19 日,乙公司对丙公司出资 710 万元,李某某和林某某各出资 355 万元。

2004 年 5 月 12 日为开发建设某项目在香港依据香港公司条例注册成立 B

公司,李某某与其妻涂某某为股东,各占 62%、38% 的股份。9 月 24 日,B 公司作为股东在丁县成立甲公司,公司股东为 B,法定代表人、董事长为李某某,董事为涂某某、李某 1。

2005 年 1 月 15 日,林某某向李某某发传真称:"关于乙公司投资丙公司一事,现提出如下几点建议,希望在 1 星期内作出答复:①本人多次声明同意将持有乙公司 50% 股份,保本转让给新投资者,在签转让合约书前,将本人投入股本 355 万港币,转交香港律师作公证,待签署有关法律文件后,由律师事务所转交本人,涉及律师费用各半;②关于丙公司在转让前后所发生一切债权债务与本人无关,及所签署合约、协议本人均不知情,故不承担一切法律及经济责任;③如果双方未能达成以上共识,本人将要求政府有关部门,取消该项目投资并进行清盘,所涉及费用在双方认可前提下,按股份各自负担等。"同年 1 月 26 日,林某某又以乙公司等名义通知李某某召开乙公司、丙公司临时董事会,讨论林某某转股相关事宜;并明确表示如果李某某届时不出席,则视为其放弃表决权,同意转让,林某某可将股份自行转让他人,李某某不得持有异议。同年 1 月 29 日,李某某以乙公司、丙公司名义回复林某某同意其进行股份转让并要求其在 1 个月内办妥,也同意将林某某已投入的 355 万元港币退还其香港账号。对上述传真及其内容,各方当事人均无异议。

2005 年 4 月,B 与己公司签订股权转让协议,B 向己公司转让在甲公司的 85% 股权,该协议未记载股权转让价款。2005 年 5 月 8 日,丁市对外贸易经济合作委员会批复同意该股权转让。2006 年 5 月 23 日,B 与己公司签订股权转让协议,由 B 将其在甲公司持有的 15% 股权无偿转让给己公司。2006 年 5 月 29 日,丁市对外贸易经济合作委员会批复同意该股权转让。甲公司董事会成员变更为:董事长黄某某,董事黄某 1、黄某 2。至此,己公司持有甲公司 100% 股权。

2005 年 9 月 22 日,由甲公司向丁县国土资源局交纳 6 000 万元土地出让款项,并于 12 月 7 日,甲方乙公司、乙方丁县国土资源局、甲公司签订补充协议书,内容为:三方共同确认,乙公司根据甲乙双方于 2005 年 9 月 19 日签订的协议书向丁县国土资源局提供的 700 亩项目用地土地出让金预付款人民币 6 000 万元系丙方所有,该 700 亩土地的全部权益也完全归甲公司所有。

2006 年 3 月 7 日,丁县国土资源局、土地储备交易中心发布国有土地使用权出让公告,3 月 27 日甲公司提交了竞买申请书,并获得了竞买资格证书,最终以 17.5 万元 / 亩的价格竞得该 700 亩地。

之后,林某某代表乙公司提起股东代表诉讼,认为李某某利用实际控制乙公司及该公司全资子公司等机会,伙同他人采取非正当手段,剥夺了本属于乙公司的商业机会,从而损害了乙公司及其作为股东的合法权益。

二、裁判结果及理由 [①]

本案争议焦点为李某某、涂某某、B 是否侵犯了乙公司的商业机会。一审法院和二审法院的认定结果截然不同。

(一)一审裁判

1. 700 亩土地使用权属于乙公司的商业机会

首先,该 700 亩土地的使用权是丁县工业园管理委员会因与乙公司签订合同,约定在其辖区内设立企业而给予乙公司的回报,700 亩土地的使用权具有较大的商业价值,丁县工业园管理委员会有给予乙公司 700 亩土地使用权这一商业机会的意愿,且乙公司愿意接受受让土地的机会,因此,该 700 亩商住用地的使用权构成《公司法》上的商业机会。

其次,乙公司于 2004 年 5 月 9 日在丁县工业园设立了全资子公司,子公司的出资也达到了 700 亩土地使用权受让的条件。由此可见,乙公司在积极履行合同书约定的设立企业的义务,并最终符合受让 700 亩土地使用权设立的条件,应该认定受让 700 亩土地使用权的商业机会属于乙公司。但在实际运作中,李某某以设立的子公司为获得受让 700 亩土地使用权的引资企业,同时以 B 为股东另外设立甲公司,作为受让 700 亩土地使用权的主体。未经乙公司董事会

---

① (2012)民四终字第 15 号。

或股东会的同意,李某某于 2005 年 12 月 7 日,以乙公司名义与丁县国土资源局、甲公司签订补充协议书,将受让 700 亩土地使用权的商业机会直接给了甲公司。在处置 700 亩土地使用权商业机会的过程中,李某某既是子公司的法定代表人,又是甲公司的法定代表人,同时作为乙公司的股东,还代表乙公司。因此,应认定李某某谋取了属于乙公司的商业机会,给乙公司造成了损失。

2. 关于乙公司的损失

李某某利用职务便利将本属于乙公司的商业机会让与甲公司,损害了乙公司的利益。故林某某可以根据《公司法》的相关规定,要求李某某将其在该商业机会中的所得归入乙公司,或当行使归入权仍不能弥补损失时,对超出归入权的损失部分,要求李某某向乙公司承担赔偿损失的民事责任。在甲公司未开展任何经营行为,也未购置资产的情形下,乙公司之所以购买该公司股权,正是基于甲公司将获得 700 亩土地使用权。因此,李某某在该商业机会中的获利主要体现在甲公司的股权转让所得。根据《民事诉讼法》规定,推定李某某获利 5 040 万元。至于承担责任的主体,因原甲公司的股东系李某某、涂某某夫妇设立的 B,该公司是甲公司股权转让款的获利主体,故对李某某向乙公司返还人民币 5 040 万元股权转让款应承担连带责任。

(二)二审裁判

第一,工业园管理委员会于 2004 年 3 月 11 日签订的合同书,该 700 亩土地使用权当初确实是要给予乙公司的,但是,乙公司要获得这一商业机会并不是无条件的。相反,上述合同书明确约定了乙公司必须满足的相关条件,这些条件包括:投资子公司注册资金 3 亿元,投资总额达 8 亿元;在丁县投资某房地产项目等。双方在上述合同书中还明确约定该 700 亩土地使用权通过挂牌出让方式获得,而本案丁县国土资源局、土地储备交易中心发布的国有土地使用权出让公告明确要求竞买人必须具备房地产开发资质且要缴纳人民币 6 000 万元保证金等多项条件,因此,乙公司要获得该商业机会尚需要满足挂牌交易条件。此外,任何满足公告要求条件的房地产企业,均可作为竞买人购买该 700

亩土地使用权,故竞买人并非仅限于乙公司。综上所述,无论是从乙公司与丁县工业园管理委员会约定的合同条件看,还是从丁县国土资源局作为国有土地管理部门确定的挂牌出让方式、资质及交易条件看,案涉 700 亩土地使用权并非当然地专属于乙公司的商业机会。

第二,要看乙公司或者林某某为获取该商业机会是否作出了实质性的努力。乙公司成立之目的即是成立子公司及设立房地产企业运营房地产项目。但林某某、李某某的合作并不融洽,林某某于 2005 年 1 月 15 日向李某某发传真明确表示放弃公司的投资项目并要求李某某退还其投入乙公司的 335 万元投资款。李某某同意并向林某某转回投资款。李某某为顺利完成投资项目与其他投资者共同合作继续经营。林某某自要求退出乙公司之后,从未对公司尽过任何法律义务。在林某某明确要求保本撤资的情况下,乙公司已没有能力去获得不可能如约履行投资及设立房地产企业等义务,更无可能为获得本属于其的 700 亩土地使用权这一商业机会而作出任何实质性的努力。因此,应当认定林某某在本案中没有积极履行股东、董事义务,乙公司也未能积极履行投资、设立房地产企业等义务。

第三,要审查李某某、涂某某、B 在本案中是否采取了剥夺或者谋取行为。本案中,要构成剥夺或者谋取乙公司的商业机会,李某某、涂某某或者 B 应当单独或者共同采取欺骗、隐瞒或者威胁等不正当手段,使林某某或者乙公司在不知情的情况下放弃该商业机会,或者在知情的情况下不得不放弃该商业机会。但综观本案事实,林某某对乙公司可能获得 700 亩土地使用权的商业机会是明知的,李某某、涂某某、B 没有隐瞒这一商业机会,也没有采取欺骗手段骗取林某某放弃该商业机会。因此,李某某、涂某某、B 在本案中的行为,不但不应被认定为侵权行为,反而应当定性为为避免乙公司违约而采取的合法补救行为,更是各方为维护其自身权益而采取的正当经营或者交易行为。林某某无权在自己拒绝继续投资、放弃投资项目且拒绝承担任何经济和法律责任的情况下,要求李某某停止继续经营投资项目。

三、法理与争鸣

禁止篡夺公司商业机会原则起源于英美判例法,是指禁止公司董事、高级管理人员等利用职务便利把属于公司的商业机会予以篡夺而从中牟利。我国《公司法》第一百四十八条第(五)项明确规定,公司董事、高级管理人员不得"未经股东会或者股东大会同意,利用职务便利为自己或者他人谋取属于公司的商业机会……",然而,我国对公司机会的立法过于简单,在有关立法中仅在该条中规定了公司商业机会,至于公司机会的性质、认定标准等问题没有明确界定,从而引发了学界与实务界的讨论。

(一)公司商业机会的性质

公司机会的法律性质是界定公司机会外延基础,是法官作出判决的依据,学界围绕该问题提出了各种见解,主要观点为公司机会到底应归属于财产权利还是期待权,抑或是其他权利。主张公司机会是财产权利的学者认为,公司是通过不断的商业交易发展起来的,公司机会就是商业交易机会,因而公司机会应归为公司的无形资产,理应包含在财产当中。[1] 主张公司机会理应为期待权的学者认为,公司机会存在的意义是能够为公司带来实质的财产利益,而这种财产利益正是基于将公司机会潜在的利益开发后转换而来的,公司机会应当是公司获得此类财产权利的垫脚石或必经之道,得到财产权利必先取得公司机会这一铺垫性质的"权利",法律上将此称之为"期待权",该学者认为公司机会应归属为一种新型的期待权。[2]

总之,可以从以下三个方面理解公司机会的性质:①公司机会首先是一种商业机会,不能给公司带来商业利益的机会便不属于公司机会,公司机会的商业利益性说明公司可以借此获利。②机会还意味着一种可能,这种可能已经远远超越了单纯之期待,也非期待利益所能包容,而是符合了期待权的构成要件,具备了期待权的权利属性。③公司机会是董事或者其他经营管理人员在执行

---

① 冯果."禁止篡夺公司机会"规则探究 [J]. 中国法学,2010(1):98.

② 程胜. 董事篡夺公司机会法律问题研究 [J]. 公司法律评论,2001(1):17.

公司职务过程中获得的,并有义务向公司披露的,与公司经营活动密切相关的各种机会。① 由于公司机会是董事或者其他经营管理人员在执行职务过程中获得的,因而公司机会一般属于公司经营事项之内的东西,超出公司经营事项虽然可以为公司带来利益,但不一定属于公司机会。

(二)公司商业机会的认定标准

1. 美国公司商业机会的认定标准

公司商业机会规则滥觞于英美判例法,在美国法中,规定了对公司商业机会认定的三个标准。②

第一,利益与期待利益标准,指公司对于该商业机会是否存在利益或者合理期望。对于一个对于商业机会具有“利益”和“期待”的公司来说,该商业机会与公司的经营计划、经营目标或者商业活动被推定存在一定的关联。若要适用利益与期待标准,核心问题在于公司是否对于商业机会有基于现实的期望,愿意抓住机会并实现它,如果是的话,董事或高级管理者就不得篡夺该机会。然而,以公司的既得和期待利益作为标准来界定公司机会,具有很大的局限性。因为何谓利益本身就有很大的主观随意性,若采用该标准,许多本来应属于公司的信息将会可能会因为利益无法确定而变为“非公司机会”,从而导致董事损害公司和股东利益而不受处罚。③ 因此,美国法院在司法过程中,已经较少运用这一标准,实际上,“利益与期待”标准在公司机会原则的适用中已经被边缘化了。

第二,经营范围标准。该标准是指该营业机会与公司的现在及将来的营业活动密切相关的情况下,将这个机会看作公司的机会。有学者认为经营范围标准貌似简单客观,但其对某一机会与公司经营范围关系紧密程度的判断本身是主观的。并且“经营范围”是一个不甚准确且极易引起争议的概念,就经营范

---

① 刘俊海. 股份有限公司股东权的保护 [J]. 北京:法律出版社, 2004:454.

② 杨川仪. 美国公司法公司机会原则探析——以美国缅因州东北海岸高尔夫俱乐部诉哈里斯案为例 [J]. 当代法学, 2013(3):96-97.

③ 徐晓松. 公司法与国有企业改革研究 [M]. 北京:法律出版社, 2000:100.

围本身,法院对此作出的认定依然存在一个较大的自由裁量空间,有可能对经营范围作出相当宽泛或相当狭窄的认定。在该标准的发展过程中,一些法院对此进行了修正,认为只有董事基于在公司的管理地位,或利用了公司的资源获得的机会才构成公司机会,并不得为个人利益加以利用。

第三,公平标准。公正性标准虽然符合衡平法的精神,但其过于主观,有时还欠缺操作性,不利于指引当事人的行为,不利于法院对纠纷的裁决。公正性标准严格说来只是法律关于公平正义观念的延伸,尽管美国的判例法已对其总结出了一定的规则,但仍过于模糊,涵盖所及过于抽象。公正性标准实际上是对董事在处理其所获得的机会时心态的一种评价标准。准确地说,它并不是公司机会的判断标准,而是判断董事是否篡夺公司机会的标准。

美国商业机会理论非常发达,对各国公司法产生很大影响,一般各国对公司法中商业机会的讨论都会借鉴美国法。由于我国对公司商业机会认定标准的缺失,可以结合《公司法》第一百四十七条、第一百四十八条对公司董事、高级管理人员忠实义务的规定并参照美国法对我国审判实践中有关商业机会的案例进行判定。

2. 我国关于公司商业机会认定标准的观点

在我国立法中,缺少对公司商业机会的认定标准的规定,给司法实践带来困难,学界提出了各种各样的认定标准,概而言之,可以分为单一标准和多种标准两大类。

单一标准,指的是只要该机会与公司的经营活动密切相关,即应被认定为公司机会,而不论董事是否利用职务便利所获悉,当然,利用职务便利获取的机会一定是公司机会。①

"三标准":董事在履行公司职责时知晓的商业机会;商业机会处于董事告知公司的义务范畴;与公司经营活动存在关联性的商业机会。②

"四标准":机会的来源;机会与公司经营业务的密切度;公司受信人的披

---

① 车传波. 公司机会准则的司法裁判 [J]. 法律科学(西北政法大学学报),2010(5):71.

② 刘俊海. 股份有限公司股东权的保护 [M]. 北京:法律出版社,2004:172-173.

露义务;区分对待不同类型的公司受信人。①

"五标准":公司受信人以职务身份获取的机会;公司与机会之间存有关联关系;机会对公司而言是不可少的利益;机会的产生是先前使用了公司的资源;机会与公司的经营范围密切相关。②

综合以上标准,在判定公司商业机会时涉及的考虑因素主要包括:第一,公司在某个商业机会上是否存在利益或预期利益;第二,董事是不是由于其在公司的职位或利用了公司的资源而获知该商业机会的;第三,该商业机会与公司的密切程度;第四,公司是否有能力实施该商业机会;第五,董事利用该机会是否会导致与公司利益冲突;第六,董事利用该机会是否会导致不公平。结合本案具体来看,该 700 亩土地的使用权本来是可能属于乙公司的,但是乙公司在林某某撤资之后已经不具有继续实施该商业机会的能力,并且最终 700 亩土地使用权的获得是李某某、涂某某及 B 的共同努力,与林某某和乙公司无关。所以,该 700 亩土地使用权并不是乙公司的商业机会。

(三)侵害公司商业机会的法律救济

目前我国《公司法》中,因董事、高管人员篡夺公司机会造成经济损失的责任承担有两种方式,可以直接行使归入权,也可以提出侵权之诉。我国现行《公司法》第一百四十八条第二款规定:"董事、高级管理人员违反前款规定所得的收入应当归公司所有。"该法第一百四十九条还规定:"董事、监事、高级管理人员执行公司职务时违反法律、行政法规或者公司章程的规定,给公司造成损失的,应当承担赔偿责任。"一般会先行使归入权,把董事篡夺公司机会而达成的交易转归公司所有,在篡夺公司机会的董事和高管人员没有获利但公司却遭受了损失,或者虽然公司行使了归入权仍不能弥补其损失时,可向篡夺公司机会的董事和高管人员行使请求损害赔偿的权利。但在承担赔偿责任时,如果该董事利用公司机会已经实现了利润或转售此机会而得利,这一金额容易确定。但

---

① 冯果.“禁止篡夺公司机会”规则探究 [J]. 中国法学, 2010(1):104-105.
② 谢晓如.公司机会规则研究 [M].厦门:厦门大学出版社, 2014:150-154.

是,如果并未实现利润,则对此估价比较困难。

第四节　股东代表诉讼

一、股东代表诉讼前置程序纠纷

1996 年 12 月 12 日,李某某与周某某、刘某某共同成立甲公司,企业性质为股份有限公司。李某某占 34% 股份,周某某、刘某某各占 33% 股份,李某某为法定代表人,刘某某为董事长,周某某为公司监事。公司章程规定,公司董事会由 3 名股东组成。甲公司成立后,李某某任总经理,负责甲公司的具体经营活动。2002 年 12 月 14 日,李某某与周某某、刘某某共同签订股东会议纪要,主要内容为:李某某向甲公司股东会正式提出退股和辞去总经理及法定代表人职务的请求,3 名股东一致同意甲公司进行清算。2003 年 6 月,李某某到加拿大居住。同年 9 月,李某某出具两份授权委托书,委托其亲属李某 1 和李某 2 代为行使甲公司股东和法定代表人权利及其他关联公司管理权。

2003 年 11 月 22 日,甲公司召开股东会,李某 2,李某 1,刘某某代理人那某某、曹某某,周某某参加会议,并形成股东会议纪要,主要内容为:①全体股东一致同意李某某撤股,并对公司资产进行核查,为股东分割资产、公司清算做好准备;②成立清产核资领导小组,由各股东或代理人组成;③确定清算范围;④清算结果经股东会确认后通过,撤股方案在清算结果出来后由股东会制订等。股东会议纪要签订后,公司清算进行了 1 个月中止,没有继续进行清算。

从 2003 年 9 月 30 日开始,周某某、刘某某接管甲公司并一直经营至今。主要针对甲公司开发的金帝豪庭、红楼、戎静园、戎山园房地产项目进行竣工验收,与联建单位结算,偿还欠款,清理债权,销售房屋,出租房屋等工作。此期间,甲公司没有开发新的房地产项目,亦未开展与上述房地产项目无关的其他业务。2007 年 11 月 20 日,李某某回国与周某某和刘某某女儿那某某共同协商甲公司利润分配问题,未形成分配方案。2011 年,李某某通过代理人要求周某某分配甲公司利润。2013 年 3 月 13 日,李某某向周某某、刘某某发出催告函,主要内容为:周某某和刘某某自 2003 年负责经营公司后,存在违反公司法第一百五十条等规定情形。因周某某系甲公司监事兼任公司总经理,刘某某系公司董事长兼任财务,两人均是董事会成员,李某某无法根据公司法规定要求公司监事和董事会行使救济权利,追究两人的赔偿责任。要求两人在接此催告函后30日内,立即返还侵占公司的全部资产。周某某和刘某某未予回复。

李某某认为周某某、刘某某利用控制公司之机恶意损害公司利益,以股东身份提起诉讼,请求周某某、刘某某赔偿公司损失、向公司返还侵占的房产等。原审法院认为李某某提起诉讼未履行前置程序,裁定驳回李某某的诉讼请求。李某某不服,提起上诉。

李某某上诉称:①已履行前置程序。2013年3月13日,李某某委托律师向周某某和刘某某发出催告函。该催告函属于履行前置程序的行为。且甲公司已经被吊销营业执照,公司董事会完全处于停滞状态。②本案符合"情况紧急"。情况紧急应包括正在发生的侵害公司的情形以及对侵害结果的继续现实损害。本案存在以下客观事实:一是周某某诉讼中隐匿财务账目;二是甲公司的租金收入被两被上诉人继续侵占;三是周某某和刘某某存在转移资产的行为。③有关前置程序应当豁免。被告同时包括了甲公司的董事和监事,完全可以推定,代表公司进行意思表示的机关(董事会、监事会)绝对不会以公司名义向法院起诉自己。因此应豁免股东的前置程序义务。

周某某答辩称:上诉人未穷尽内部手段,不符合股东代位诉讼的要求。案涉函件的发函对象是股东而非董事会,周某某和刘某某并未实际收到该函。另外,通过诉讼方式要求返还租金不属于"情况紧急"。

二、裁判结果及理由[①]

本案争议焦点在于李某某是否有权提起股东代表诉讼。

(一)一审裁判

一审法院以李某某未履行前置程序为由,驳回李某某的诉讼请求。

---

① (2015)民四终字第54号,原审(2013)辽民三初字第8号。

李某某向公司董事会提出书面诉讼申请是股东代表公司诉讼的法定前置程序。本案中，周某某系甲公司监事，李某某认为周某某、刘某某具有损害公司利益情形，应当直接书面申请公司董事会提起诉讼。李某某向周某某、刘某某发出的催告函，要求返还侵占的公司财产，是未经甲公司同意单方代表甲公司向二人主张权利的行为，该行为与《公司法》第一百五十一条第一款所设置的前置行为具有完全不同的性质，不能替代其应向甲公司董事会提交的书面诉讼申请。李某某提起本案诉讼不符合股东代表公司诉讼的法定前置程序。

　　第二，《公司法》第一百五十一条规定，如果情况紧急，如不及时提起诉讼将会使公司利益受到难以弥补损害时，股东可以提起代表诉讼。该规定的适用前提应当是，损害公司利益的行为已经发生，但损害后果尚未发生或尚未完全发生，及时制止损害行为，可以最大限度地避免损害后果。李某某诉请内容均于2003—2007年间便已发生，并非属于情况紧急通过本案诉讼能够及时制止，避免损害结果发生的情形。

　　第三，2003年11月22日，甲公司召开股东会并形成股东会议纪要，约定由公司股东自行组织清算组，对甲公司剩余资产、成本支出、对外投资、债权债务、盈亏状况等方面进行全面系统清算，为股东分割资产做准备。上述约定系各方股东的真实意思表示。根据《公司法》第一百八十四条之规定和甲公司该股东会议纪要约定，甲公司通过自行清算可以自行维护自身利益，实现公司内部救济。

（二）二审裁判

　　第一，客观上，甲公司监事以及除李某某之外的其他董事会成员皆为被告，与案涉纠纷皆有利害关系。从《公司法》第一百五十一条的规定来看，起诉董事需向监事会或监事而非董事会提出书面请求，起诉监事则需向董事会或执行董事而非监事会或监事本人提出书面请求，此规定意在通过公司内部机关的相互制衡，实现利害关系人的回避，避免利益冲突。在本案的特殊情况下，已无途径达成该目的。甲公司被告董事会成员和监事在同一案件中，无法既代表公司又代表被告。为及时维护公司利益，在本案的特殊情况下，应予免除李某某履行前置程序的义务。

第二,一般而言,如果股东本身是公司的法定代表人,不应舍近求远提起股东代位诉讼,但本案中李某某并不掌握公司公章,难以证明自身的法定代表人身份,故其以公司名义提起诉讼在实践中确有困难。且其提供了初步证据证明,其曾以甲公司名义起诉而未能为法院受理。如不允许其选择股东代表诉讼,将使其丧失救济自身权利的合理途径。

三、法理与争鸣

(一)股东代表诉讼前置程序及豁免规则的正当性

股东代表诉讼,又称派生诉讼,是指当公司的董事、监事、高级管理人员等侵害了公司权益,而公司怠于追究其责任时,符合法定条件的股东可以自己的名义代表公司提起诉讼。[①] 股东代表诉讼是公司法中一项独具特色的制度,其赋予了公司的股东代表公司起诉公司经营者和控股股东的权利,使公司经营者受到中小股东的牵制,有利于建立良好的公司治理结构。不过,股东代表诉讼也存在内在制度结构方面的矛盾,本来起诉损害公司利益的经营者的权利属于公司,但在形式上却由股东作为原告代表公司提起诉讼,这一外观结构影响了股东代表诉讼的正当性基础,忽视了公司独立法律人格,也会产生对股东代表诉讼的功能的质疑。"毕竟,派生诉讼对于公司当事方是一种非常规救济和通常规则的例外,只有少数股东对控股股东发出了诚心诚意地呼吁,但没有产生效果,合法的补救手段穷尽,但是未起作用时,派生诉讼才被认为是必要的。"[②]

此外,股东代表诉讼本质上是一种间接诉讼,只有当公司拒绝或者怠于行使诉权追究损害公司合法权益人的损害赔偿责任时,才由股东代为行使诉权。股东未征求公司是否就不法行为起诉之前,不能提起间接诉讼。因而,前置程序的立法目的在于平衡公司独立人格和司法参与公司自治之间的冲突,使公司

[①] 赵旭东. 商法学 [M]. 北京:高等教育出版社,2019:187.
[②] 蔡立东. 公司自治论 [M]. 北京:北京大学出版社,2006:186.

对于原本属于自身的诉权仍具有优先性。前置程序具有重要作用,一方面可以充分利用公司内部监督机制,给予公司最后的考虑机会,衡量各方面情况,综合判断是否提起诉讼;另一方面也可以促使股东慎重考虑,防止股东滥用诉权。

大陆法系国家公司法对于前置程序豁免的规则大多是指当出现某些法定特殊情况时,股东提起代表诉讼的前置程序环节可以被免除,主要是当股东提起诉讼请求后,若等待法定期间将会对公司造成难以恢复的损失这一情形。例如,日本《公司法》第847条规定了60日的前置程序期间,同时又规定,存在经过60日公司将遭到难以恢复的损失的,股东可以直接起诉。我国《公司法》对于前置程序豁免也作出类似的规定,即"情况紧急、不立即提起诉讼将会使公司利益受到难以弥补的损害的,前款规定的股东有权为了公司的利益以自己的名义直接向人民法院提起诉讼"。

(二)我国股东代表诉讼前置程序及豁免情形

《公司法》第一百五十一条及相关司法解释之规定,我国股东代表诉讼前置程序为,原告股东需首先书面请求监事会或监事向人民法院提起诉讼;监事有本法第一百四十九条规定的情形的,前述股东可以书面请求董事会或者不设董事会的有限责任公司的执行董事向人民法院提起诉讼。监事会、不设监事会的有限责任公司的监事,或者董事会、执行董事收到前述书面请求后拒绝提起诉讼,或者自收到请求之日起30日内未提起诉讼,或者情况紧急、不立即提起诉讼将会使公司利益受到难以弥补的损害的,股东可以自己的名义直接向人民法院提起诉讼。

该条规定了前置程序豁免规则,即"情况紧急、不立即提起诉讼将会使公司利益受到难以弥补的损害的,前款规定的股东有权为了公司的利益以自己的名义直接向人民法院提起诉讼"。但是该规定的局限性在于仅仅规定了"情况紧急"这一种豁免情形,较为单一,无法满足现实公司实务复杂性和多元性。

公司法设定前置程序的主要目的在于促使公司内部治理结构充分发挥作用,以维护公司的独立人格、尊重公司的自主意志以及防止股东滥用诉权、节约诉讼成本。其所针对的是公司治理形态的一般情况,即在股东向公司有关机关提出书面申请之时,后者是否会依股东的请求而提起诉讼尚处于不确定状态,也即存在公司有关机关依股东申请而提起诉讼的可能性。如果根本不存在这种可能性,要求股东还要提出先诉请求才能提起代表诉讼,则徒然增加诉累。此时,法院不应仅以股东没有向公司机关提出书面请求为由就驳回股东的起诉。

有学者认为,除了《公司法》规定的"紧急情况可以豁免"的情形之外,在"公司治理结构不完善""原告兼有股东和监事双重身份""被告同时包括董事和监事"以及"公司进入清算阶段"等特殊的"非紧急情况"下,提起派生诉讼的原告股东仍然具有履行前置程序的障碍,这种障碍的消除有赖于审判中法官对股东派生诉讼"前置程序规则"的辩证理解和灵活运用。[①] 通过查阅近几年的司法判例发现,司法实践已经突破"紧急情况"的限制,判令在某些"非紧急情况下",免除原告股东履行前置程序的义务。

第一,公司治理结构不完善,未按照章程规定设立监事会或监事,原告股东代表公司起诉董事长,法院免除股东履行前置程序的义务。公司治理结构不完整与股东代表诉讼是两个不同的公司法上问题,不能因为公司中监事或者监事会的缺失就去否认股东所享有的提起代表诉讼的权利。此外,前置程序的立法目的是穷尽内部救济以维护公司独立法人人格,在董事作为被告的案例中,根据《公司法》的规定,原告应当向监事或监事会提出书面诉讼请求,然而公司监事会或监事的缺失致使原告股东无法请求公司提起诉讼,此种情形下,应当视为股东已经穷尽了内部救济措施,即已经履行了前置程序。

第二,公司经营管理处于非正常状态,监事会或董事会或二者无法形成有效决议时,免除原告股东履行前置程序的义务。公司内部管理混乱,原告股东无法依照公司法规定履行前置程序,根本无法寻求公司内部救济。此时,原告直接提起股东代表诉讼更能体现股东派生诉讼保护股东和公司利益的立法精

---

① 朱慈蕴. 股东派生诉讼的前置程序研究——"紧急情况"之外是否存在可豁免情形 [J]. 政法学刊,2010(3):9.

神。

第三，公司解散未成立清算组的情况下，免除原告股东履行前置程序的义务。公司已经解散时，虽然存续但是不得开展营业活动，只能从事与清算有关的事务，董事（会）及监事（会）不能对外行使包括代表公司诉讼的相关职权，原告股东通过书面请求监事会或董事会提起诉讼已无实际意义及可能，又因清算组尚未成立，说明公司内部救济措施已经无法发挥作用，在此情况下，股东有权直接提起诉讼。

第四，公司所有或绝大多数董事、监事均为被告时，免除原告股东履行前置程序的义务。《公司法》规定的股东代表诉讼前置程序的机构模式为：一是若被告涉及公司董事、高级管理人员时，原告股东在提起代位诉讼前应当先书面请求公司监事（会）提出诉讼；二是若被告是监事，原告股东在提起代表诉讼前应当先书面请求董事（会）提出诉讼。但是，当出现公司所有或绝大多数的董事和监事共同侵犯公司权益的情形时，董事（会）和监事（会）不可能代表公司起诉自己，履行前置程序也就毫无意义了。法院在本案中也采取了这一观点：公司法设置前置程序的目的在于，尽可能地尊重公司内部治理，通过前置程序使公司能够了解股东诉求并自行与有关主体解决相关纠纷，避免对公司治理产生不当影响。通常情况下，只有经过了前置程序，公司有关机关决定不起诉或者怠于提起诉讼，股东才有权提起代位诉讼。但本案甲公司监事以及除李某某之外的其他董事会成员皆为被告，与案涉纠纷皆有利害关系。设置前置程序的立法目的已经无法实现。

除了以上事由外，司法实践中还有公司被注销、被告实际控制公司等情形，从判决结果来看，出现这类情形时法院没有机械适用前置程序的规定，而是从前置程序的设立目的出发，肯定了原告股东可以直接提起诉讼，不需要履行前置程序的义务。

第六章

公司解散与清算

第一节 司法解散公司

一、司法解散公司纠纷

甲公司成立于 2002 年 1 月，注册资本为 218 万元。林某某与戴某某系该公司股东，各占 50% 的股份，戴某某任公司法定代表人及执行董事，林某某任公司总经理兼公司监事。同年 4 月，甲公司设立乙分公司，并租用该市轻纺针织品市场的房屋进行招商。2003 年 7 月，甲公司设立丙广场，并租用该市联运公司的房屋进行招商。上述两个分支机构的负责人均为林某某。

2004 年 7 月 12 日，甲公司公章、财务专用章、合同专用章，乙分公司公章、合同专用章，丙广场公章、合同专用章，由戴某某从林某某手中收回。

2006 年起，林某某与戴某某两人之间的矛盾逐渐显现，具体表现如下。2006 年 3 月 19 日，双方发生争执，林某某在争执中被打伤。2006 年 5 月 7 日，戴某某通知林某某参加议题包括写字楼加层结束后面临严峻形势与对策、乙分公司"10.21 火灾"相关事宜商讨的股东会。该次会议形成会议记录一份，但内容仅涉及分配店面事宜。2006 年 5 月 9 日，林某某提议并通知召开股东会。由于戴某某认为林某某没有召集会议的权利，故会议未能召开。2006 年 5 月 16 日，戴某某告知林某某同意其关于召开临时股东会的提议，并通知林某某于 2006 年 6 月 1 日参加股东会。在该次股东会上，林某某向公司和戴某某提交了书面意见，要求了解公司的财务经营状况。2006 年 6 月 11 日，甲公司与戴某某通知林某某以监事身份于 2006 年 6 月 16 日至甲公司参加会议，林某某回复称，在 2006 年 6 月 1 日的股东会议上，其提议解散公司并已表决通过，故 2006 年 6 月 16 日的会议无任何意义，不予参加。2006 年 6 月 6 日、8 月 8 日、9 月 16 日、10 月 10 日、10 月 17 日，林某某委托律师向甲公司和戴某某发函称，因股东权益受到严重侵害，林某某作为享有公司股东会二分之一表决权的股东，已按公司章程规定的程序表决并通过了解散甲公司的决议，要求戴某某提供甲公司的财务账册等资料，并对甲公司进行清算。2006 年 6 月 17 日、9 月 7 日、10 月 13 日，戴某某回函称，林某某作出的股东会决议没有合法依据，戴某某不同意解散公司,并要求林某某交出公司财务资料。2006 年 11 月 15 日、11 月 25 日,林某某再次向甲公司和戴某某发函,要求甲公司和戴某某提供公司财务账册等供其查阅、分配公司收入、解散公司。

2009 年 12 月 15 日、12 月 16 日,当地服装城管理委员会两次组织双方进行调解,但均未成功。2009 年 12 月 24 日,林某某向服装城管委会提交了关于终止调解的函。据此,服装城管委会调解委员会决定终止对甲公司股东纠纷的调解。

林某某诉称:甲公司经营管理发生严重困难,陷入公司僵局且无法通过其他方法解决,其权益遭受重大损害,请求解散甲公司。甲公司及戴某某辩称:甲公司及其下属分公司运营状况良好,不符合公司解散条件。一审法院驳回林某某的诉讼请求。

林某某不服一审判决,提起上诉,请求撤销原审判决,依法改判解散甲公司,主要理由如下。甲公司的经营管理已经发生严重困难,并陷入僵局。甲公司股东会缺失,重大决策不能正常做出,内部管理机制失灵,经营管理陷入瘫痪。甲公司两位股东林某某与戴某某之间存在冲突和矛盾,造成甲公司从 2005 年 10 月开始无法再正常召开股东会,股东会无法形成有效决议。而且,从 2006 年 6 月 1 日至今,甲公司未再召开过股东会。两人之间的矛盾也直接导致了执行董事与监事之间的冲突,监事林某某无法行使相关权利对执行董事进行监督。戴某某长期操纵公司财务,垄断公司收入,林某某无法根据公司章程改选执行董事,无法行使股东权利及监事权利,林某某多次提出的由甲公司及戴某某提供提取管理费的财务凭证等资料的要求,均遭到拒绝。林某某为打破公司僵局,在诉讼前已通过其他途径尝试解决,但并无成效。提起司法解散诉讼后,双方在原审法院主持下进行的调解也未能达成一致意见。服装城管委会在原审法院判决后所作的调解亦无成效。

二、裁判结果及理由①

本案争议的焦点是甲公司是否符合司法解散的条件。一审法院判决驳回林某某的诉讼请求。二审法院撤销一审民事判决,并判决解散甲公司。

(一)一审裁判

虽然两股东陷入僵局,但甲公司目前经营状况良好,不存在公司经营管理发生严重困难的情形。如果仅仅因为股东之间存在矛盾而导致公司从业人员失去工作、几百名经营户无法继续经营,既不符合《公司法》第一百八十三条的立法本意,也不利于维护任何一方股东的权益。股东之间的僵局可以通过多种途径来破解。例如,林某某可以要求戴某某或甲公司收购其股份,此外,通过服装城管委会的调解也是林某某救济股东权利的有效途径之一。

(二)二审裁判

1. 甲公司的经营管理已发生严重困难

公司的正常经营管理建立在其权力机构(股东会)、执行机构(董事会或执行董事)及监督机构(监事会或监事)有效运行的基础上,判断一个公司的经营管理是否出现严重困难,应从上述组织机构的运行现状入手,加以综合分析。

第一,甲公司已持续四年未召开股东会,亦未形成有效的股东会决议,股东会机制已经失灵。根据《公司法》一百八十三条的规定以及甲公司章程规定的规定"股东会的决议须经代表二分之一以上表决权的股东通过",且各方当事人一致认可该"二分之一以上"不包括本数,可以得出甲公司只有在两位股东意见一致的情况下才能作出有效的股东会决议。从2006年开始,两人的矛盾激化,并进一步影响到甲公司内部机制的运作。从2006年6月1日之后,甲公司再未召开过股东会。甲公司持续未召开股东会、无法形成有效股东会决议的时间至今已长达四年,甲公司不能通过股东会决议的方式管理公司,形成了股东僵局,股东会机制已经失灵。

① (2010)苏商终字第0043号,最高人民法院2012年4月9日公布指导案例8号。

第二,甲公司执行董事管理公司的行为已不再体现权力机构的意志。甲公司不设董事会,仅设执行董事一名,由股东戴某某担任。由于出现股东僵局,甲公司股东会不能形成有效决议,无法行使章程规定的决定公司经营方针与投资计划、审议批准执行董事的报告等相关职权。在此情况下,执行董事戴某某管理公司的行为,体现的是对立股东中一方的个人意志。可见,甲公司股东会机制的失灵已进一步影响到执行机构的运作。

第三,甲公司的监督机构无法正常行使监督职权。根据公司章程,甲公司不设监事会,仅设监事一名,由林某某担任,但是,林某某并不能正常行使监事职权。林某某关于查询财务资料的要求一再遭到拒绝,监事林某某无法有效地对执行董事戴某某的行为进行监督及纠正。可见,由于林某某与戴某某之间的矛盾,甲公司的监督机构实际上已无法发挥监督的作用。

第四,公司本身是否处于盈利状况并非判断公司经营管理是否发生严重困难的必要条件。根据《公司法》第一百八十三条以及《公司法司法解释(二)》第一条的相关规定,"公司经营管理发生严重困难"主要是指管理方面存有严重内部障碍,如股东会机制失灵、无法就公司的经营管理进行决策,不应理解为资金缺乏、亏损严重等经营性困难。本案中,在甲公司的内部机制已无法正常运行、无法对公司的经营作出决策的情况下,即使尚未处于亏损状况也不能改变该公司的经营管理已陷入困境的局面。

综上所述,甲公司作为一个法律拟制的法人机构,其权力机构、执行机构、监督机构均无法正常运行,甲公司的经营管理已发生严重困难。

2. 甲公司继续存续会使股东林某某的利益受到重大损失

作为股东而言,投资设立公司的最终目的是获得收益。股东通过参与公司决策、行使股东权利来争取利益的最大化、保证收益的及时获取。公司的经营管理如果出现严重困难,则有可能影响公司的正常运转以及股东权利实现通道的畅通,进而对股东的利益构成严重损害。本案中,甲公司的内部运作机制早已失灵。林某某虽为持有甲公司50%股份的股东及监事,但其股东权、监事权长期处于被剥夺的状态。由于甲公司长期不召开股东会,林某某并不能通过行使表决权来参与公司决策,亦不能有效地行使监督权。林某某投资设立甲公司的目的无法实现,合法权益遭到损害,如果这样的局面继续存续,林某某的合法权益将进一步遭受重大损失。

3. 甲公司的僵局通过其他途径长期无法解决

将调解等其他救济途径设置为司法解散公司的前置程序是因为,司法解散将导致公司主体资格的消灭,且具有不可恢复性,处理不当可能导致社会资源浪费。但是,立法对此所抱的谨慎态度并不等同于前置程序可以久拖不决。对于那些已经陷入严重经营管理困难的公司,在通过其他多种方法仍无法化解纠纷时,只能通过司法解散公司这一股东退出机制来打破僵局。因此,在强调司法解散公司前置程序的同时,《公司法司法解释(二)》第五条明确规定:"当事人不能协商一致使公司存续的,人民法院应当及时判决。"本案中,林某某在提起公司解散诉讼之前,已通过其他途径试图化解与戴某某之间的矛盾,进入诉讼程序之后,服装城管委会作为管理部门曾组织各方当事人调解,对此,各方当事人仍未能达成一致意见。一审、二审法院也从慎用司法手段强制解散公司的角度出发,给予各方当事人充分的时间进行调解,并组织当事人探寻化解僵局的办法,但均无成效。据此,甲公司的股东已穷尽了其他救济途径,仍无法打破公司僵局,符合通过司法程序解散公司的条件。

4. 林某某持有甲公司 50% 的股份,符合《公司法》关于提起公司解散诉讼的股东须持有公司 10% 以上股份的条件

综上所述,由于甲公司股东戴某某、林某某之间存有较大矛盾,且彼此不愿妥协而处于僵持状况,导致公司股东会等内部机制不能按照约定程序作出决策,甲公司长期陷入无法正常运转的僵局,现有僵局如继续存续,将进一步损害股东的利益,在此情况下,林某某作为持股 50% 的股东提出解散甲公司,有事实与法律依据,应予支持。

三、法理与争鸣

（一）公司僵局的认定的条件

当公司仍然处于盈利状态，但持有相同股权的股东发生严重矛盾，使得公司陷入僵局，能否以此来认定公司的经营管理已经发生严重困难，符合公司司法解散的条件。公司僵局是指在闭锁持股公司中因股东、董事或其他主要管理人员在行使管理权时发生分歧并且无法妥协导致公司瘫痪的状态，是股东大会、董事会等公司决策部门和管理机关无法形成任何决议，公司的所有事务无法正常运作的僵持状态。主要是由于有限公司的封闭性和人合性、公司治理体系的缺陷、表决机制的不合理、公司章程的形式化等方面原因造成的。对于这一问题的态度，不同的学者持不同的观点。

持否定观点的学者们认为既然公司仍处于盈利状态，即便股东之间存在矛盾，也不能据此认定公司符合司法解散的条件。其主要理由包括以下三点。①对"经营困难"的认定过于宽泛，无异于赋予异议股东无理由甚至恶意退出公司的权利，从而极大影响公司持续稳健地运行。①②公司是市场经济的主体，是繁荣经济的重要推动者。所以，应当注重调解，尽量减少公司的解散。③尽可能维持企业的存续。企业的设立和经营均凝结着股东的时间和精力，关系着公司债权人、供应商、客户等与公司的存续有利害关系的其他人的利益，还涉及公司雇员、国家税务机关等公共利益，因此不宜轻易解散公司，否则不仅会对股东造成成本上的浪费，也会造成员工失业、破坏交易秩序等不良的后果。"继续经营一个公司几乎总是比解散它更可取。一家公司的企业资产，包括无形的商誉，作为一个整体的价值通常比它们被分解后单独出售的价值要高出许多。"②

肯定说认为即便公司仍然处于盈利状态，但是实际已经无法正常运行，已经陷入公司僵局，应认定为符合公司司法解散的条件。肯定说的具体理由有以下三点。①对公司利益的损害。由于公司决策机构的瘫痪，导致管理活动停滞，

① 耿利航. 公司解散纠纷的司法实践和裁判规则改进 [J]. 中国法学，2016（6）：233.
② 罗伯特·W. 汉密尔顿. 美国公司法 [M]. 齐东祥，译. 北京：法律出版社，2008：271.

无法作出有效的经营决策;公司内部气氛紧张,导致工作效率低下,公司不能正常进行经营活动,发展受到阻碍;同时还有资源的大量浪费以及对客户和供应商的忽视,这些都会造成公司自身经营能力的持续减弱和外界对公司信任度的降低,从公司长远发展的角度看,公司僵局会导致公司在同行业中竞争力的减弱,甚至导致公司处于破产的行列。②对股东利益的损害。在公司僵局中,往往少数派一方股东的利益会受到损害,因为一般来说,少数派无权解散公司。而且在公司僵局中,由于公司在市场竞争中很难再获得收益,也会导致股东预期的投资目的难以实现,从而使股东利益受到损害。③对社会利益的损害。由于公司僵局的出现势必会引发连锁反应,因此除了对公司、公司股东等主体产生损害之外,对市场交易安全亦会产生极大的冲击力,造成市场震荡的局面。本案二审法官便是站在了肯定说的角度上来进行判决的。"林某某案"的二审裁决被最高人民法院列为指导性案例,可见肯定说代表了主流的司法立场。

(二)将股东压迫纳入司法解散事由

根据公司法规定,股东可以提请法院解散公司的事由仅限于公司经营管理发生严重困难并且继续存续会使股东受到重大损失,司法解散事由也因此被解释为仅限于公司僵局。学界普遍认为,司法解散的事由过于狭窄,应将股东压迫情形纳入,司法实务对此也有突破性裁判。[①] 不过也有反对观点:在我国,存在股东的合法权益受到控制股东的严重压制,而导致股东无法直接参与公司的经营管理,也无法得知公司经营状况的情形,只要公司的经营管理正常运行(实践中很多情况下公司经营效益还很好),也不能认定为"经营管理发生严重困难"而适用司法解散的规定[②]。将股东压迫纳入司法解散事由范围具有合理性。

第一,公司司法解散制度最初产生于英国,其目的就是为了让小股东免受控制股东的压迫。也就是说,司法解散制度的立法价值在于当股东之间产生纠纷,在采用其他的处理手段均不能平息矛盾时,赋予少数股东请求司法机关介

---

① 李建伟. 司法解散公司事由的实证研究 [J]. 法学研究,2017(4):131-136.

② 刘敏. 关于股东请求解散公司之诉若干问题的思考 [J]. 法律适用,2006(10):62.

入终止投资合同、解散企业、恢复各方权利，最终使基于共同投资所产生的社会冲突得以解决的可救济方式 [①]。

第二，股东压迫在我国公司实践中普遍存在。公司控制股东对小股东的压迫行为严重侵害了小股东的利益，极大地挫伤了投资者的投资热情，阻碍了资本市场的稳健发展，从长远上损害了社会经济的发展进步。在上市公司中，受到压迫的小股东尚可以通过抛售股票的方式收回投资，而在有限责任公司及非上市股份有限公司中，小股东很难通过股权转让方式退出公司，司法解散公司就成为受压迫的小股东唯一的救济途径和手段。

第三，在大股东的持股比例高于50%的公司中，不会出现《公司法》和《公司法司法解释（二）》中的公司僵局，股东会和董事会完全可以正常运作，而小股东却会受到控制股东的压迫。

第四，域外公司法将股东压迫作为司法解散事由之一。美国《示范公司法》（修订本）第14章第30节（2）规定："当公司股东试图通过诉讼途径维护自身权益时，假如能够举证存在以下事实：……董事、高级管理人员或那些在公司处于支配地位的人已经或正准备以违法的、强迫的或欺压的方式对待其他小股东并完全掌控公司……"；美国《示范法定封闭公司补充规范》第40条规定："司法解散的争议事项包括掌握公司主要权力的股东通过违法、强迫性或欺压性的或不平等的方式，已经、正在或将要作出不利于诉讼申请人的行径时，申请人可以通过公司股东、董事或者以高级管理人员的身份向法院寻求救济措施……"

（三）化解公司僵局的司法替代措施

基于企业维持原则，解决公司僵局的司法解散措施并不是最佳选择，我国司法实践采取非常审慎的态度，尽最大努力采取维持公司存续的替代性司法措施，以最大限度保证企业的正常运转以及维护企业的主体资格。目前可以采取的措施主要有以下三点。①在公司章程中规定解决方案。当公司出现公司僵局时，可以采用事先规定的措施来进行解决，而事前预防可以出现在公司成立

---

① 甘培忠. 公司司法解散：《公司法》中说不出的痛 [J]. 中国律师，2002（9）：64.

或者修改公司章程时。②强制分立公司。当公司出现公司僵局时,可以将公司强制分立。将有争议的股东各自分到相应的公司,这样有矛盾的股东就不在一个公司里,此时公司僵局就可以得到解决。③强制股权收购,是指公司僵局产生后,僵持一方股东通过诉讼请求法院判令公司或对方股东收购自己的股份,以达到退出公司,打破公司僵局的目的等。强制分立公司和强制股权收购的措施,在现行《公司法》框架下无法实现,需要通过修改现行规定才能达到目的。

第二节　公司清算义务与责任

一、公司清算纠纷

2007 年 6 月 28 日,甲公司与乙公司建立钢材买卖合同关系。甲公司履行了 7 095 006.6 元的供货义务,乙公司已付货款 5 699 778 元,尚欠货款 1 395 228.6 元。另,房某某、蒋某某和王某某为乙公司的股东,所占股份分别为 40%、30%、30%。乙公司因未进行年检,2008 年 12 月 25 日被工商部门吊销营业执照,至今股东未组织清算。现乙公司无办公经营地,账册及财产均下落不明。乙公司在其他案件中因无财产可供执行被中止执行。

甲公司诉称:其向被告乙公司供应钢材,乙公司尚欠货款 1 395 228.6 元。被告房某某、蒋某某和王某某为乙公司的股东,乙公司未年检,被工商部门吊销营业执照,至今未组织清算。因其怠于履行清算义务,导致公司财产流失、灭失,甲公司的债权得不到清偿。根据《公司法》及相关司法解释规定,房某某、蒋某某和王某某应对乙公司的债务承担连带责任。故请求判令乙公司偿还甲公司货款 1 395 228.6 元及违约金,房某某、蒋某某和王某某对乙公司的债务承担连带清偿责任。

蒋某某、王某某辩称:①两人从未参与过乙公司的经营管理;②乙公司实际由大股东房某某控制,两人无法对其进行清算;③乙公司由于经营不善,在被吊销营业执照前已背负了大量债务,资不抵债,并非由于蒋某某、王某某怠于履行清算义务而导致乙公司财产灭失;④蒋某某、王某某也曾委托律师对乙公司进行清算,但由于乙公司财物多次被债权人哄抢,导致无法清算,因此蒋某某、王某某不存在怠于履行清算义务的情况。

二、裁判结果及理由 ①

本案争议焦点为房某某、蒋某某和王某某应否对乙公司的债务承担连带责任。

一审、二审法院判决房某某、蒋某某和王某某对乙公司的上述债务承担连带清偿责任,理由如下。

甲公司按约供货后,乙公司未能按约付清货款,应当承担相应的付款责任及违约责任。房某某、蒋某某和王某某作为乙公司的股东,应在乙公司被吊销营业执照后及时组织清算。因房某某、蒋某某和王某某怠于履行清算义务,导致乙公司的主要财产、账册等均已灭失,无法进行清算,房某某、蒋某某和王某某怠于履行清算义务的行为,违反了《公司法》及其司法解释的相关规定,应当对乙公司的债务承担连带清偿责任。乙公司作为有限责任公司,其全体股东在法律上应一体成为公司的清算义务人。《公司法》及其相关司法解释并未规定蒋某某、王某某所辩称的例外条款,因此无论蒋某某、王某某在乙公司中所占的股份为多少,是否实际参与了公司的经营管理,在乙公司被吊销营业执照后,都有义务依法对乙公司进行清算。

根据查明的事实,乙公司在其他案件中因无财产可供执行被中止执行的情况,只能证明人民法院在执行中未查找到乙公司的财产,不能证明乙公司的财产在被吊销营业执照前已全部灭失。乙公司的三名股东怠于履行清算义务与乙公司的财产、账册灭失之间具有因果联系,蒋某某、王某某的该项抗辩理由不成立。蒋某某、王某某委托律师进行清算的委托代理合同及律师的证明,仅能证明蒋某某、王某某欲对乙公司进行清算,但事实上对乙公司的清算并未进行。据此,不能认定蒋某某、王某某依法履行了清算义务,故对蒋某某、王某某的该项抗辩理由不予采纳。

① (2010)沪一中民四(商)终字第 1302 号。

三、法理与争鸣

实践中,大量公司解散后应当清算而不清算,甚至故意借解散之机逃避债务,严重损害债权人利益并危害市场经济秩序。虽然《公司法》及相关司法解释对清算事项作了规定,但是,理论界与审判实践对清算义务人的范围、清算责任的性质、赔偿等问题认识不一,处理也不尽一致。这些问题的解决对于保护债权人利益、倡导诚实守信经营、帮助公司顺利地退出市场,具有重要意义。

(一)清算义务人的界定及范围

1. 清算义务人的含义

《民法典》第七十条使用了"清算义务人"的概念,但未明确规定清算义务人的定义。有学者认为:"清算义务人是指基于其与公司之间存在特定法律关系而在公司解散时对公司负有启动清算程序,组织清算,并在公司未及时清算给相关债权人造成损害时依法承担相应民事责任的主体。"[①]清算义务人不同于清算人,所谓清算人,是指当公司解散后接管公司事务、管理公司财产和债权债务的人,依照法定程序进行清算。根据现行规定,清算义务人主要包括有限责任公司的股东、股份有限公司的董事和控股股东。清算人包括法定清算人、议定清算人和指定清算人三种。有限责任公司的清算组由股东组成,股份有限公司的清算组由董事或者股东大会确定的人员组成。逾期不成立清算组的,由人民法院指定有关人员组成。显然清算义务人和清算人在实践中可能存在人员交叉的情形,但是,二者在法律层面上属于不同的主体,存在明显差异。

第一,二者所负义务内容不同。清算义务人的义务是负责启动清算程序、组织清算;而清算人的义务是负责具体清算事务。第二,所负义务的性质不同。清算义务人的义务是法定的,不能任意解除。清算人的义务因与公司的约定或法院的指定而产生。第三,法律资格不同。清算人对内清理债权债务、了结公司业务,对外代表公司,具有诉讼主体地位。而清算义务人则没有这样的法律资格。

---

① 刘敏. 公司解散清算法律制度 [M]. 北京:北京大学出版社,2012:215.

2. 清算义务人的法定范围

《民法典》第七十条第二款(原《民法总则》)将董事、理事等执行机构或者决策机构的成员列为清算义务人。法律另有规定的,依其规定。《公司法司法解释(二)》第十八条中将有限责任公司的股东、股份有限公司的董事和控股股东明确为公司的法定清算义务人。依照通说,营利法人的执行机构是董事(会),权力机构是股东(会),很显然,前述两个条款的规定存在冲突。那么,公司的法定清算义务人究竟依据哪个立法确定呢?目前有两种观点。一种观点是适用《民法典》的规定,股东不是清算义务人。另一种观点认为,《公司法》第一百八十三条对此没有规定,而《公司法司法解释(二)》第十八条已经对此作出了规定,《公司法》的修改可能在今后很多时间内完成,为了避免《民法典》第七十条的解释与公司法的修改不一致,暂时适用《公司法司法解释(二)》第十八条的规定。①

(二)实际控制人是否为清算义务人

《公司法司法解释(二)》第十八条第三款规定:"第一款、第二款规定的情形系实际控制人原因造成的,债权人主张实际控制人对公司债务承担相应的民事责任的,人民法院依法应予以支持。"这一规定在理解上产生了分歧,即实际控制人是否为清算义务人,是否应在法定期限内成立清算组开始清算,是否应承担相应的责任。

根据《公司法》第二百一十七条第(三)项的规定,实际控制人是指虽不是公司的股东,但通过投资关系、协议或者其他安排,能够实际支配公司行为的人。实践中,实际控制人虽然不是公司的股东,不能直接参与公司的经营管理决策,但是通过投资关系、协议以及其他关联关系,能够影响甚至决定公司的经营管理。因而有观点将实际控制人纳入法定清算义务人的范畴。虽然实际控制人能够通过关联关系等方式控制公司的经营和管理,但是公司解散之后,实

---

① 最高人民法院民事审判第二庭.《全国法院民商事审判工作会议纪要》理解与适用[M].北京:人民法院出版社,2019:146.

际控制人并不负有组织清算的直接法定义务,实际控制人承担的是消极不作为的义务,只要其行为没有阻止公司进行清算的,或者并未造成公司未依法组织清算或无法清算的后果,就不承担民事责任。①

(三)清算义务人"怠于履行义务"的认定

本案中,蒋某某、王某某拒绝承担怠于清算的连带责任的理由之一是"从未参与公司经营管理"。实践中,越来越多公司的经营管理由公司的高级管理人员完成,股东和控股股东仅在公司重大决策、选举董事等方面拥有控制权,而不是实际管理公司。这种控制公司的权利使"怠于履行清算义务"成为可能,因此,对于法定清算义务人来说,其清算义务的承担不以其是否实际参加公司经营管理为必要条件。这也是在本案中值得注意的一个重点。

《公司法司法解释(二)》第十八条第二款规定,清算义务人"怠于履行义务",导致公司主要财产、账册、重要文件等灭失,无法进行清算,应当承担连带清偿责任。可见,清算义务人承担清偿责任的条件之一是"怠于履行义务"。《公司法》第一百八十三条规定,清算义务人应当在解散事由出现之日起 15 日内成立清算组,开始清算。因此,实务界认为"怠于履行义务"中的"义务"不是一切清算义务,包括启动清算程序成立清算组进行清算、发现公司财产不足清偿债务应当向人民法院申请宣告破产的义务,而仅仅是指启动清算程序成立清算组,或者清理公司主要财产及管理公司账册、重要文件等。怠于履行清算义务是一种消极的不作为,过错形态包括故意和过失。清算义务人需要举证证明自己为履行清算义务采取了积极措施,比如请求控股股东或其他股东进行清算,才可以避免承担连带责任。如果清算义务人实施了履行清算义务的积极行为,仍然发生了公司主要财产、账册、重要文件等灭失而无法进行清算的结果,清算人也不需要承担连带责任。然而实践中,股东的没有"怠于履行义务"的抗辩往往被忽视,只要没有启动清算程序成立清算组,就被认为是"怠于履行

---

① 蒙瑞. 公司清算义务人责任制度逻辑分析与实务争议探讨 [J]. 江汉论坛,2017(4):137.

清算义务"；或者即使成立了清算组的，只要有主要财产、账册、重要文件等灭失而无法进行清算的事实的，也被认为是"怠于履行义务"，而不去审查清算义务人是否履行或要求清算组履行清理公司主要财产以及管理好账册、重要文件等义务。① 这是以结果推断原因是否存在的因果颠倒的思维模式。本案的裁判中也存在这一问题，对于"蒋某某、王某某也曾委托律师对乙公司进行清算，但由于乙公司财物多次被债权人哄抢，导致无法清算，因此蒋某某、王某某不存在怠于履行清算义务的情况"的抗辩，法院并没有进行仔细分析，而直接给出了以下认定："蒋某某、王某某委托律师进行清算的委托代理合同及律师的证明，仅能证明蒋某某、王某某欲对乙公司进行清算，但事实上对乙公司的清算并未进行"，也是以结果"事实上未进行清算"来认定被告"怠于履行义务"。

2019 年《全国法院民商事审判工作会议纪要》第五节围绕《公司法》及其司法解释的规定，对于"怠于履行清算义务""因果关系抗辩"等问题作出了进一步规范，今后的司法实践在认定清算义务人的清算责任时会更加符合法理与逻辑。

---

① 最高人民法院民事审判第二庭.《全国法院民商事审判工作会议纪要》理解与适用［M］.北京：人民法院出版社，2019：146.

参考文献

著作：

[1] 赖源河．公司法问题研究［M］．台北：三民书局，1982：62．

[2] 刘俊海．股份有限公司股东权的保护［M］．北京：法律出版社，1997：118-
  119，172-173，454．

[3] 朱慈蕴．公司法人格否认法理研究［M］．北京：法律出版社，1998：7，
  144．

[4] 徐晓松．公司法与国有企业改革研究［M］．北京：法律出版社，2000：100．

[5] 卡尔•拉伦茨．德国民法通论［M］．王晓晔，邵建东，徐国建，等译．北京：
  法律出版社，2003：196．

[6] 邱海洋．公司利润分配法律制度研究［M］．北京：中国政法大学出版社，
  2004：46．

[7] 北京市第一中级人民法院民四庭．公司法审判实务与典型案例评析［M］．
  北京：中国检察出版社，2006：105．

[8] 蔡立东．公司自治论［M］．北京：北京大学出版社，2006：186．

[9] 张远堂．公司法实务指南［M］．北京：中国法制出版社，2007：64．

[10] 褚红军．公司基本制度与相关诉讼原理［M］．北京：人民法院出版社，
  2007：1318-1319．

[11] 刘俊海．公司法学［M］．北京：北京大学出版社，2008：102．

[12] 罗伯特•W. 汉密尔顿．美国公司法［M］．齐东祥，译．北京：法律出版社，
  2008：271．

[13] 叶林．公司法研究［M］．北京：中国人民大学出版社，2008：228．

[14] 林承铎．有限责任公司股东退出机制研究［M］．北京：中国政法大学出版
  社，2009：26-27．

[15] 罗结珍．法国民法典［M］．北京：北京大学出版社，2010：428．

[16] 刘俊海．现代公司法［M］．北京：法律出版社，2011：495．

[17] 胡旭东．公司担保规则的司法续造——基于145份判决书的实证分析

［M］．北京：法律出版社，2012：73.

［18］刘敏．公司解散清算法律制度［M］．北京：北京大学出版社，2012：215.

［19］谢晓如．公司机会规则研究［M］．厦门：厦门大学出版社，2004：150-154.

［20］赵旭东．公司法学［M］．北京：高等教育出版社，2014：197-198.

［21］李建伟．公司法学［M］．北京：中国人民大学出版社，2014：161.

［22］胡晓静，杨代雄．德国商事公司法［M］．北京：法律出版社，2014：158.

［23］赵旭东．公司法学（第四版）［M］．北京：高等教育出版社，2015：200.

［24］刘俊海．现代公司法［M］．北京：法律出版社，2015：236.

［25］梁慧星．民法解释学［M］．北京：法律出版社，2015：247.

［26］陈立斌．股权转让纠纷（第三版）［M］．北京：法律出版社，2015：121.

［27］郑云瑞．公司法学［M］．北京：北京大学出版社，2016：138.

［28］梁慧星．民法总论（第五版）［M］．北京：法律出版社，2017：132.

［29］冯果．公司法（第三版）［M］．武汉：武汉大学出版社，2017：174.

［30］人民法院出版社法信编辑部．股权转让纠纷司法观点与办案规范［M］．北京：人民法院出版社，2017：16.

［31］陈洁．商事指导性案例的司法适用［M］．北京：社会科学文献出版社，2017：63.

［32］马俊驹，余延满．民法原论［M］．北京：法律出版社，2017：298.

［33］李适时．中华人民共和国民法总则释义［M］．北京：法律出版社，2017：188.

［34］杜万华．最高人民法院公司法司法解释（四）理解与适用［M］．北京：人民法院出版社，2017：397.

［35］最高人民法院民事审判第二庭．公司法司法解释（四）理解与适用［M］．北京：人民法院出版社，2017：405.

［36］施天涛．公司法论［M］．北京：法律出版社，2018：33.

[37] 王利明. 民法总则 [M]. 北京：中国人民大学出版社，2018：292.

[38] 赵旭东. 商法学 [M]. 北京：高等教育出版社，2019：187.

[39] 最高人民法院民事审判第二庭.《全国法院民商事审判工作会议纪要》理解与适用 [M]. 北京：人民法院出版社，2019：146.

论文：

[40] 朱慈蕴. 论公司法人格否认法理的适用要件 [J]. 中国法学，1998（5）：74-81.

[41] 蔡立东，孙发. 重估"代表说" [J]. 法制与社会发展，2000（6）：31.

[42] 程胜. 董事篡夺公司机会法律问题研究 [J]. 公司法律评论，2001（1）：17.

[43] 甘培忠. 公司司法解散：《公司法》中说不出的痛 [J]. 中国律师，2002（9）：64.

[44] 郑曙光. 股东违反出资义务违法形态与民事责任研究 [J]. 法学，2003（3）：63.

[45] 蔡立东. 公司人格否认制度的衡平性 [J]. 吉林师范大学学报，2004（2）：29.

[46] 刘炳荣. 论有限责任公司股东除名 [J]. 厦门大学法律评论，2004（8）：426.

[47] 赵万一，昊明许. 论有限公司出资转让的条件 [J]. 法学论坛，2004（5）：40-41.

[48] 吴德成. 论有限责任公司股东的除名 [J]. 西南民族大学学报：人文社科版，2005（9）：104.

[49] 刘向林. 股东账簿查阅权适用法律的若干问题研究 [J]. 时代法学，2006（5）：61.

[50] 刘敏. 关于股东请求解散公司之诉若干问题的思考 [J]. 法律适用，2006（10）：62.

[51] 陈敦. 论股东优先购买权的行使 [J]. 法律适用，2007（8）：47.

[52] 杨路. 股东知情权若干问题研究 [J]. 法律适用，2007（4）：12.

[53] 陈群峰. 股东查账权若干问题探析 [J]. 法学杂志，2007（6）：153.

[54] 刘俊海. 论有限公司股权转让合同的效力 [J]. 法学家，2007（6）：6.

[55] 任自力. 公司董事的勤勉义务标准研究 [J]. 中国法学，2008（6）：85-91.

[56] 曹士兵.《公司法》修订前后关于公司担保规定的解读 [J]. 人民司法，2008（1）：25.

[57] 崔建远,刘玲玲. 论公司对外担保的法律效力 [J]. 西南政法大学学报，2008（4）：32.

[58] 张艳,马强. 股权转让的法律问题——公司法第七十二条适用之探讨 [J]. 法学论丛，2008（3）：33-40.

[59] 张钧,吴钦松. 论未经其他股东放弃优先购买权的股权转让协议之效力 [J]. 河北法学，2008（11）：187.

[60] 陈颖. 股东利润分配请求权纠纷之司法裁判困境与出路 [J]. 人民司法·应用，2009（1）：81.

[61] 吴建斌,赵屹. 公司设限股权转让效力新解——基于江苏公司纠纷案件裁判的法律经济学分析 [J]. 南京大学法律评论，2009：105-127.

[62] 刘康复. 论有限责任公司章程对股权转让的限制 [J]. 湖南社会科学，2009（4）：66.

[63] 吴建斌,赵屹. 有限公司收购设限股权效力解析 [J]. 社会科学,2009(04)：91.

[64] 詹巍,杨密密. 公司越权担保效力之理论与实证分析 [J]. 金融法苑，2011（2）：34.

[65] 廖宏,黄文亮. 有限责任公司股权转让法律问题研究 [J]. 南昌大学学报：人文社会科学版，2010（S1）：19.

[66] 李中立. 董事违反注意义务之责任追究——以美国的经营判断法则为例 [J]. 湖北社会科学, 2010 (3): 164-165.

[67] 冯果. "禁止篡夺公司机会" 规则探究 [J]. 中国法学, 2010 (1): 98, 104-105.

[68] 肖建国. 执行标的的实体权属的判断标准——以案外人异议之诉的审查为中心的研究 [J]. 政法论坛, 2010 (3): 99, 103-104.

[69] 车传波. 公司机会准则的司法裁判 [J]. 法律科学 (西北政法大学学报), 2010 (5): 71.

[70] 朱慈蕴. 股东派生诉讼的前置程序研究——"紧急情况" 之外是否存在可豁免情形 [J]. 政法学刊, 2010 (3): 9.

[71] 宋晓明, 张勇健, 杜军. 《关于适用公司法若干问题的规定 (三)》的理解与适用 [J]. 人民司法, 2011 (5): 39.

[72] 张平. 有限责任公司股东查阅权对象的界定与完善 [J]. 法学杂志, 2011 (4): 48.

[73] 王晓艳, 王艳华. 有限公司股东查阅权之查阅对象的实证分析与法律重构——以《公司法》第 34 条之扩张解释为中心 [C]// 探索社会主义司法规律与完善民商事法律制度研究——全国法院第 23 届学术讨论会获奖论文集 (下), 2011.

[74] 蒋大兴. 股东优先购买权行使中被忽略的价格形成机制 [J]. 法学, 2012 (6): 74.

[75] 罗培新. 公司担保法律规则的价值冲突与司法考量 [J]. 中外法学, 2012 (6): 15.

[76] 岳卫峰. 公司非自愿债权人的法律保护 [J]. 法律适用, 2012 (6): 47-50.

[77] 杨署东. 合理期待原则下的美国股东权益救济制度及其启示 [J]. 法律科学, 2012 (2): 122.

[78] 罗杰. 股东知情权范围浅析 [J]. 法治研究，2012（6）：59-60.

[79] 曹兴权. 股东优先购买权对股权转让合同效力的影响 [J]. 国家检察官学院学报，2012（5）：148，152.

[80] 钱玉林. 公司章程对股权转让限制的效力 [J]. 法学，2012（10）：108.

[81] 郝磊. 公司股东除名制度适用中的法律问题研究 [J]. 法学论坛，2012（8）：42；

[82] 赵莉. 公司章程限制股权转让的合理性审查 [J]. 法学杂志，2012（9）：97-102.

[83] 王建文,许飞剑. 公司高管勤勉义务判断标准的构造：外国经验与中国方案 [J]. 南京社会科学，2012（9）：112-113.

[84] 孙学亮,兰少一. 有限责任公司对外担保合同的效力分析 [J]. 公司法律评论，2013（1）：7.

[85] 杨川义. 美国公司法公司机会原则探析 [J]. 当代法学，2013（3）：94-97.

[86] 陈群峰. 论公司决议瑕疵的司法介入——以保持司法干预与公司自治的平衡为视角 [J]. 首都师范大学学报：社会科学版，2013（5）：53.

[87] 马胜军. 司法可否介入公司股利的分配 [J]. 法律适用，2013（8）：119-120.

[88] 李建伟. 股东知情权诉讼研究 [J]. 中国法学，2013（2）：100.

[89] 李美云. 有限责任公司股东会计账簿查阅权问题研究——兼对《公司法司法解释四（征求意见稿）》评析 [J]. 中国政法大学学报，2013（4）：33.

[90] 高圣平. 公司担保相关法律问题研究 [J]. 中国法学，2013（2）：104-114.

[91] 赵旭东. 股东优先购买权的性质和效力 [J]. 当代法学，2013（5）：21-22.

[92] 罗培新. 抑制股权转让代理成本的法律构造 [J]. 中国社会科学, 2013（7）: 143.

[93] 杨川仪. 美国公司法公司机会原则探析——以美国缅因州东北海岸高尔夫俱乐部诉哈里斯案为例 [J]. 当代法学, 2013（3）: 96-97.

[94] 周天舒. 论董事勤勉义务的判断标准——基于浙江省两个案例的考察 [J]. 法学杂志, 2014（10）: 94.

[95] 季境. "对赌协议"的认识误区修正与法律适用 [J]. 人民司法, 2014（10）: 15-19.

[96] 黄立嵘. 论美国侵权法"行为人自担风险"规则——兼论我国侵权责任原则的完善 [J]. 中国社会科学院研究生院学报, 2014（6）: 81-85.

[97] 林晓镍, 韩天岚, 何伟. 公司资本制度改革下股东出资义务的司法认定 [J]. 法律适用, 2014（12）: 67.

[98] 樊云慧. 从"抽逃出资"到"侵占公司财产": 一个概念的厘清——以公司注册资本登记制度改革为切入点 [J]. 法商研究, 2014（1）: 108.

[99] 赵磊. 公司自治的限度——以有限公司股东资格取得与丧失为视角 [J]. 法学杂志, 2014（10）: 89.

[100] 周建军. 股东除名之诉中先决问题的司法判断 [J]. 山东审判, 2014（4）: 98-99.

[101] 朱学鹏. 优先认购权制度的功能定位和比较法研究 [J]. 商, 2014（7）: 261.

[102] 王建文. 有限责任公司股权转让限制的自治边界及司法适用 [J]. 社会科学家, 2014（1）: 91.

[103] 王闯. 关于让与担保的司法态度及实务问题之解决 [J]. 人民司法, 2014（16）: 17.

[104] 王军. 人格混同与法人独立地位之否认——评最高人民法院指导案例 15 号 [J]. 北方法学, 2015（4）: 46-47.

[105] 华忆昕. 对赌协议之性质及效力分析——以《合同法》与《公司法》为视角 [J]. 福州大学学报:哲学社会科学版,2015(1):91-97.

[106] 刘燕. 重构"禁止抽逃出资"规则的公司法理基础 [J]. 中国法学,2015(4):192-193,198.

[107] 李建伟. 有限责任公司的股东除名制度研究 [J]. 法学评论,2015(2):76-78,81-82.

[108] 陈克. 再论股东除名制度中的表决权限制——从填补法律漏洞视角下展开 [J]. 法律适用 2015(12):93,97.

[109] 梁上上. 论股东强制盈余分配请求权——兼评"河南思维自动化设备有限公司与胡克盈余分配纠纷案"[J]. 现代法学,2015(2):69,77-78.

[110] 刘敏,王然. 论股东盈余分配请求权的司法救济 [J]. 社会科学研究,2015(3):84,90.

[111] 叶涛,李正昕. 有限责任公司股利分配的救济制度构建——以股利分配请求之诉为中心 [J]. 企业经济,2015(3):165-166.

[112] 樊纪伟. 关联公司扩张适用公司人格否认之检讨——兼评最高法院指导案例 15 号 [J]. 湖南大学学报:社会科学版,2016(3):139-142.

[113] 刘燕. 对赌协议与公司法资本管制:美国实践及其启示 [J]. 环球法律评论,2016(3):137-156.

[114] 李霖. 非破产情形下有限公司股东出资义务不应加速到期 [J]. 人民法院报,2016(6):67.

[115] 罗培新. 论资本制度改革背景下股东出资法律制度之完善 [J]. 法学评论,2016(4):142.

[116] 冯果,南玉梅. 论股东补充赔偿责任及发起人的资本充实责任——以公司法司法解释(三)第 13 条的解释和适用为中心 [J]. 人民司法(应用),2016(4):34.

[117] 马艳丽. 有限责任公司股东除名规则构造论 [J]. 河北法学,2016(11):

153.

[118] 李红润. 股东除名规则的反思与重构 [J]. 天津法学，2016（3）：73.

[119] 宋亦淼. 股东盈余分配请求权的司法救济研究 [J]. 河北青年管理干部学院学报，2016（6）：85.

[120] 耿利航. 公司解散纠纷的司法实践和裁判规则改进 [J]. 中国法学，2016（6）：233.

[121] 李游. 公司越权担保效力判定路径之辨识 [J]. 河北法学，2017（6）：155-169.

[122] 蒙瑞. 公司清算义务人责任制度逻辑分析与实务争议探讨 [J]. 江汉论坛，2017（4）：137.

[123] 李建伟. 司法解散公司事由的实证研究 [J]. 法学研究，2017（4）：131-136.

[124] 肖伟志,汪婷.《公司法》第16条强制性质解释的误区及重构 [J]. 湘潭大学学报：哲学社会科学版，2017（6）：67.

[125] 潘林. 重新认识"合同"与"公司"——基于"对赌协议"类案的中美比较研究 [J]. 中外法学，2017（1）：250-267.

[126] 卢宁. 刍议公司资本形成制度的改革与发展——以"认缴制"的定性为起点 [J]. 法学论坛，2017（3）：118.

[127] 王国瑞. 认缴制下股东出资义务加速到期研究 [D]. 武汉：华中师范大学，2017：10-17.

[128] 赵树文. 股东出资加速到期司法适用问题研究——以"上海香通国际贸易有限公司诉上海昊跃投资管理有限公司等"一案为研究样本 [J]. 法律适用（司法案例），2017（22）：33.

[129] 刘俊海. 公司自治与司法干预的平衡艺术：司法解释四的创新、缺憾与再解释 [J]. 法学杂志，2017（12）：41.

[130] 肖信平."正当目的性"视角下的股东查阅权的法律适用与司法价值 [J].

齐齐哈尔大学学报：哲学社会科学版，2017（11）：97.

[131] 王黛娜．有限责任公司股东知情权若干争议问题研究——基于《最高人民法院关于适用〈中华人民共和国公司法〉若干问题的规定（四）征求意见稿》的理解与思考 [J]．时代法学，2017（2）：81.

[132] 冯果，段丙华．公司法中契约自由——以股权处分抑制条款为视角 [J]．中国社会科学，2017（3）：135.

[133] 石少侠．对《〈公司法〉司法解释（四）》若干规定的理解与评析 [J]．当代法学，2017（6）：102.

[134] 范沁宁．有限公司股东盈余分配请求权的司法救济研究 [J]．商业研究，2018（4）：175.

[135] 高圣平，曹明哲．股权让与担保效力的解释论——基于裁判的分析与展开 [J]．人民司法（应用），2018（28）：23.

[136] 曲天明，解鲁．股东实质性抽逃出资行为认定的裁判规则 [J]．法律适用，2018（4）：29.

[137] 叶金强．董事违反勤勉义务判断标准的具体化 [J]．比较法研究，2018（6）：82-88.

[138] 郑彧．民法逻辑、商法思维与法律适用 [J]．法学评论，2018（4）：84.

[139] 周昌发．认缴制下股东除名制度的立法完善——由一起具体案例引发的反思 [J]．广西大学学报：哲学社会科学版，2018（4）：111.

[140] 高圣平，卢祖新，蒋佩伏，等．公司担保问题的裁判路径与具体规则 [J]．人民司法，2019（10）：22-23.

[141] 高圣平，范佳慧．公司法定代表人越权担保效力判断的解释基础——基于最高人民法院裁判分歧的分析和展开 [J]．比较法研究，2019（1）：80-82.

[142] 崔建远．论外观主义的运用边界 [J]．清华法学，2019（5）：5-6.

[143] 楼秋然．股权转让限制措施的合法性审查问题研究 [J]．政治与法律，

2019（2）: 147.

[144] 何涛. 有限责任公司股东优先购买权的性质研究 [J]. 东南大学学报: 哲学社会科学版, 2019（6）: 23.

[145] 高一丹. 有限责任公司股权让与担保效力研究 [D]. 北京: 中国政法大学, 2020: 46.

[146] 蒋大兴. 公司意思表示之特殊构造 [J]. 比较法研究, 2020（3）: 8.

[147] 楼秋然. 董事职务期前解除的立场选择与规则重构 [J]. 环球法律评论, 2020（2）: 107.

[148] 李安安, 范鑫. 公司实质参与对赌协议的合法性解构: 合同自由与公司规制 [J]. 中国矿业大学学报: 社会科学版, 2020（1）: 51-68.

[149] 李建伟. 竞业股东查阅会计账簿的目的限制研究——《公司法解释（四）》第8条第1项的法教义学分析 [J]. 北方法学, 2020（5）: 79.

[150] 袁碧华. 法定代表人的制度困境与自治理念下的革新 [J]. 政法论丛, 2020（6）: 84.

[151] 于莹. 股权转让自由与信赖保护的角力——以股东优先购买权中转让股东反悔为视角 [J]. 法制与社会发展, 2020（2）: 179.

[152] 于莹, 刘赫男. 转让股东"反悔"中的规范秩序 [J]. 社会科学战线, 2020（7）: 199.

[153] 朱广新. 法定代表人的越权行为 [J]. 中外法学, 2021（3）: 491.

[154] 迟颖. 法定代表人越权行为的效力与责任 [J]. 清华法学, 2021（4）: 121-139.

[155] 李建伟. 股东查阅会计账簿的"不正当目的"抗辩研究——《公司法》第33条第2款的法教义学分析 [J]. 当代法学, 2021（1）: 105.

[156] 赵旭东, 衣小慧. 股东优先购买权中转让股东"反悔权"的证成与构建 [J]. 国家检察官学院学报, 2021（2）: 42.

[157] 李志刚. 股权让与担保的多维透视与法律适用 [J]. 法律适用, 2021（5）:

60.

[158] 司伟,陈泫华.股权让与担保效力及内外部关系辨析——兼议《民法典担保制度解释》第 68 条、第 69 条 [J].法律适用，2021（4）:88.

[159] 钱进,钱玉文.股权让与担保的法律构成及效力建构 [J].河南财经政法大学学报，2022（1）:89-90.

[160] 姚海放.股权让与担保限制论 [J].政治与法律，2023（3）:172.